세법 입문자를 위한 **기초세법**

강경태의 세법 들어가기

강경태

익산남성고등학교 졸업
전북대학교 경영학과 졸업
공인회계사, 세무사
우리경영아카데미 세법개론 · 세무회계 강사
지암회계법인
국세청 인트라넷 세법 교수
국세청 인트라넷 세무회계 교수

국무총리실 리베로 프로그램 세법 강사
국세공무원교육원 세법 고급연구과정 교수
여천시청 감사위원
(주)영화조세통람사 세법 강사
한화그룹 재무전문가과정 세법 강사

수상이력 2020년 기획재정부장관상

저　　서 세법개론(샘앤북스)
세무회계연습(샘앤북스)
세무회계리뷰(샘앤북스)
세법 들어가기(샘앤북스)
세법강의 SUMMARY(샘앤북스)

| 제7판 |

강경태의 세법 들어가기

발 행 일 | 2019. 6. 10. 초판 발행
2020. 4. 6. 2판 발행
2021. 5. 2. 3판 발행
2022. 5. 4. 4판 발행
2023. 3. 30. 5판 발행
2024. 3. 26. 6판 발행
2025. 4. 7. 7판 발행

저　　자 | 강 경 태
발 행 인 | 이 낙 규
발 행 처 | 주식회사 샘앤북스
등록번호 | 신고 제 2013－000086 호
주　　소 | 서울특별시 영등포구 양평로22길 21, 선유도코오롱디지털타워 310호
전　　화 | 02-323-6763　　**팩　　스** | 02-323-6764
이 메 일 | wisdom6763@hanmail.net

편집 및 디자인 홍수기 · 김용재 · 윤현경 | **도서관리** 김보영

정가 20,000원

ISBN 979－11－5626－548－1　93320

샘앤북스

▮ 제작과정에서 잘못 만들어진 도서는 교환하여 드립니다.

PROLOGUE

머리말

안녕하세요. 강경태회계사입니다.

"세법 들어가기"라는 세법입문서를 통해 여러분을 만나 뵙게 되어 반갑습니다.

이 책, "세법 들어가기"는 단순히 실생활에 필요한 생활상식으로서 세법을 알고 싶어하는 분들을 대상으로 한 입문서가 아닙니다.

신규임용된 세무공무원, 공인회계사나 세무사 시험을 준비하는 수험생, 세법관련 업무를 시작하는 기업체실무자, 학교에서 세법관련 과목을 수강하려는 대학생 등(이하 "독자"라고 하겠습니다)으로서 세법을 처음 접하시는 분들을 위한 입문서입니다.

일반적으로 세법을 처음 접하는 독자들은 세법개론서나 세법실무서로 세법공부를 시작합니다. 그런데 그 분량이 보통 1,500페이지를 넘다 보니 전체적인 체계를 잡기도 전에 중도 포기하거나 많은 부담감을 느끼게 됩니다.

이 책과 관련 강의의 목적은 독자들로 하여금 앞으로의 세법 공부의 기틀이 되는 기본용어의 개념과 과세체계를 편안하게 이해할 수 있도록 함으로써 세법공부에 재미를 느낄 수 있도록 하는데 있습니다. 세법개론이나 세법실무서를 시작하기 전에 이 책을 통하여 세법 중 주요 3법에 해당하는 부가가치세법, 소득세법, 법인세법에 대한 전체적인 흐름을 짧은 시간에 파악할 수 있을 것입니다.

이 책의 특징은 다음과 같습니다.

첫째, 복잡한 세법규정을 초보자들이 이해하기 쉽게 편안한 문장으로 설명하였고, 규정의 취지를 파악할 수 있도록 하였습니다.

둘째, 간단하지만 체계를 잡을 수 있는 사례나 예제를 통하여 이해할 수 있도록 하였습니다.

셋째, 이 책 학습 후 다음 단계인 세법개론 학습과 연계될 수 있도록 저자의 세법개론서의 설명체계와 논리가 이어지도록 하였습니다.

넷째, 한 페이지에 많은 내용을 넣지 않고 편안하게 읽어 갈 수 있도록 편집하였습니다.

PROLOGUE

머리말

이 책과 관련강의가 독자 여러분들이 세법을 사랑하게 되는 계기가 되길 바라며, 부족한 부분은 독자 여러분의 격려와 충고를 통해 계속하여 보완해 나갈 것을 약속드립니다.

본서의 출간작업에 수고해 주신 ㈜샘앤북스 이낙규 사장, 홍수기 과장, 김보영 대리, 김용재 대리, 윤현경 주임 등 출판사 직원 여러분에게 감사드립니다.

강의를 처음 시작한 이후 오랜 기간동안 수강생분들과 세법개론 · 세무회계 독자분들로부터 분에 넘치는 사랑을 받아 왔습니다. 그 분들께 이 책을 바치며, 항상 정성을 다 하겠습니다.

감사합니다.

2025년 4월 7일

저자 **강 경 태**

CONTENTS

차 례

제1편 | 조세총론

제2편 | 부가가치세법

CONTENTS

차 례

CONTENTS

차 례

CONTENTS

차 례

CONTENTS

차 례

CONTENTS

차 례

제3편 | 소득세법

CONTENTS

차 례

CONTENTS

차 례

CONTENTS

차 례

CONTENTS

차 례

CONTENTS

차 례

CONTENTS

차 례

CONTENTS

차 례

CONTENTS

차 례

제 1 편
조세총론

1. 조세의 개념
2. 조세의 분류
3. 우리나라의 조세체계

1. 조세의 개념

조세(租稅)란 국가 또는 지방자치단체가 경비충당을 위한 재정수입확보를 목적으로 법률에 규정된 과세요건을 충족한 모든 자에게 개별적인 반대급부 없이 부과 · 징수하는 금전급부를 말한다.

2. 조세의 분류

조세를 성격별로 구분하면 다음과 같다.

(1) 과세주체(과세권자)에 따른 구분

조세를 누가 과세하느냐에 따라 구분하면 다음과 같다.

구 분	내 용
국 세	국가가 부과하는 조세로, 국세는 다시 수출입과의 관련성 여부에 따라 다음과 같이 구분된다. ① 관 세 : 수출입시 부과되는 국세 ② 내국세 : 관세 외의 국세
지 방 세	지방자치단체가 부과하는 조세를 말한다.

(2) 조세의 전가 여부에 따른 구분

조세의 전가(租稅의 轉嫁, shifting of tax burden)란 세법상의 납세의무자로부터 다른 사람에게로 조세부담이 이전되는 것을 말한다. 그에 따른 구분은 다음과 같다.

구 분	내 용
직 접 세	납세의무자와 담세자(부담하는 사람)가 같은 조세를 말한다.
간 접 세	납세의무자와 담세자가 다른 조세를 말한다. 즉, 납세의무자에게 부과된 조세부담이 다른 사람에게 전가될 것으로 예상한 조세를 말한다.*

* 사 례 부가가치세는 사업자를 납세의무자로 하나, 실질적인 부담은 사업자로부터 재화 및 용역을 구입한 자가 한다.

(3) 사용목적의 지정여부에 따른 구분

조세의 사용용도를 정한 조세를 "목적세"라 하며, 특별히 용도를 정하지 않고 일반적인 재정수요에 충당하는 조세를 "보통세"라 한다. 대부분의 조세는 보통세에 해당되나, 다음의 조세는 목적세에 해당된다.

① 국세 중 교통 · 에너지 · 환경세, 교육세, 농어촌특별세

② 지방세 중 지역자원개발세, 지방교육세 등

(4) 독립된 세원을 가지고 있는지 여부에 따른 구분

독립된 세원(稅源)에 대하여 부과하는 조세를 "독립세"라 하며, 독립된 세원이 없이 다른 조세(본세)에 부가되는 조세를 "부가세"라 한다. 대부분의 조세는 독립세에 해당되나, 다음의 조세는 부가세에 해당된다.

① 국세 중 교육세, 농어촌특별세

② 지방세 중 지방교육세 등

(5) 과세표준의 계산단위에 따른 구분

과세대상의 가액을 과세표준으로 하는 조세를 "종가세(從價稅)"라 하며, 과세대상의 수량을 과세표준으로 하는 조세를 "종량세(從量稅)"라 한다. 대부분의 조세는 종가세에 해당되나, 인지세, 주정에 대한 주세 등은 종량세에 해당된다.

(6) 납세의무자의 인적사정을 감안하는지 여부에 따른 구분

납세의무자의 인적사정을 감안하는 조세를 "인세(人稅)"라 하며, 납세의무자의 인적사정과는 관계없이 재화 또는 용역에 대하여 과세하는 조세를 "물세(物稅)"라 한다.

3. 우리나라의 조세체계

<table>
<tr><th colspan="5">구 분</th><th>세 목</th><th>근거법률</th></tr>
<tr><td rowspan="14">국 세</td><td rowspan="12">독립세</td><td rowspan="11">내국세</td><td rowspan="5">직접세</td><td rowspan="5"></td><td>소득세</td><td>소득세법</td></tr>
<tr><td>법인세</td><td>법인세법</td></tr>
<tr><td>종합부동산세</td><td>종합부동산세법</td></tr>
<tr><td>상속세</td><td>상속세및증여세법 *1</td></tr>
<tr><td>증여세</td><td>상속세및증여세법 *1</td></tr>
<tr><td rowspan="6">간접세</td><td>일반소비세</td><td>부가가치세</td><td>부가가치세법</td></tr>
<tr><td rowspan="3">개별소비세</td><td>개별소비세</td><td>개별소비세법</td></tr>
<tr><td>주세</td><td>주세법</td></tr>
<tr><td>교통 · 에너지 · 환경세</td><td>교통 · 에너지 · 환경세법</td></tr>
<tr><td rowspan="2">유통세</td><td>인지세</td><td>인지세법</td></tr>
<tr><td>증권거래세</td><td>증권거래세법</td></tr>
<tr><td>관세</td><td colspan="2"></td><td>관세</td><td>관세법</td></tr>
<tr><td colspan="2" rowspan="2">부가세</td><td colspan="2" rowspan="2"></td><td>교육세</td><td>교육세법</td></tr>
<tr><td>농어촌특별세</td><td>농어촌특별세법</td></tr>
<tr><td rowspan="11">지방세</td><td colspan="2" rowspan="9">보통세</td><td colspan="2" rowspan="9"></td><td>취득세</td><td rowspan="11">지방세법 *2</td></tr>
<tr><td>등록면허세</td></tr>
<tr><td>주민세</td></tr>
<tr><td>지방소득세</td></tr>
<tr><td>지방소비세</td></tr>
<tr><td>재산세</td></tr>
<tr><td>자동차세</td></tr>
<tr><td>레저세</td></tr>
<tr><td>담배소비세</td></tr>
<tr><td colspan="2" rowspan="2">목적세</td><td colspan="2" rowspan="2"></td><td>지역자원개발세</td></tr>
<tr><td>지방교육세</td></tr>
</table>

*1 「상속세 및 증여세법」이라는 1세법 안에 상속세와 증여세의 2세목이 들어 있다(1세목 1세법원칙의 예외).

*2 국세와는 달리 지방세는 「지방세법」이라는 법률 안에 취득세 · 등록면허세 등의 모든 지방세가 포함되어 있다.

제 2 편
부가가치세법

제 1 장

부가가치세의 개념과 우리나라 부가가치세 과세체계

1. 개 념

부가가치세(Value Added Tax : VAT)란 사업자가 창출한 부가가치에 대하여 과세하는 조세이다. 여기서 부가가치(Value Added)란 사업자가 생산과정 또는 유통과정을 통하여 창출한 가치의 증가분을 말하는 것으로, 각 단계에서 발생한 매출총액에서 외부로부터의 매입액을 차감한 금액을 말한다.

사 례 A가 생산한 제품을 B에게 1,000에 판매하고, B는 그 제품을 C에게 1,200에 판매하고, C는 D에게 1,500에 판매한 경우 각 단계별 부가가치는?

사업자				공급가액
A	부가가치 1,000			1,000
B		부가가치 200		1,200
C			부가가치 300	1,500

2. 사례를 통한 우리나라의 부가가치세 과세체계의 이해

우리나라의 부가가치세 과세체계에 대한 이해를 돕기 위하여 일반과세사업자의 다음 〈거래〉를 예로 들어 설명하기로 한다.

(1) 거 래

A사업자(내국법인)는 B사업자로부터 ×1년 5월 20일에 원재료 800,000원을 구입한 후 이를 제조 · 가공하여 완제품을 ×1년 10월 5일에 1,000,000원에 최종소비자에게 공급하였다. 원재료구입시 부담한 매입세액은 80,000원(=800,000원×10%)으로 이는 원재료구입시 B사업자로부터 발급받은 세금계산서에 의하여 확인된다.

(2) 위 거래에 대한 납부세액 계산방법

부가가치세 납부세액은 다음과 같이 계산한다.

	매 출 세 액	[과세기간동안의 총공급가액 × 부가가치세율(10%)]
(−)	매 입 세 액	[과세기간동안 발급받은 세금계산서에 의하여 확인되는 매입세액]
	납 부 세 액	

이러한 부가가치세 납부세액은 다음의 각 과세기간단위별로 매출세액에서 매입세액을 차감하여 계산한다.

구 분	과 세 기 간	신고 · 납부기한
제 1 기	1월 1일 ~ 6월 30일	7월 25일
제 2 기	7월 1일 ~ 12월 31일	다음연도 1월 25일

이를 위의 〈거래〉에 적용하면 다음과 같다.

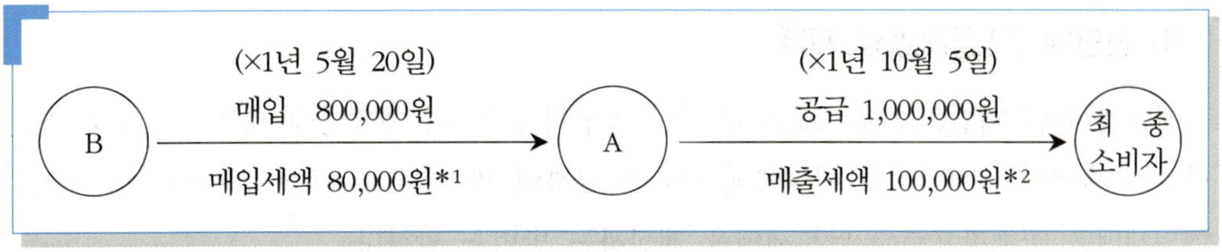

*1 80,000원을 제1기의 납부세액계산시 매입세액으로 공제한다.

*2 100,000원을 제2기의 납부세액계산시 매출세액에 포함한다.

A사업자에게 위의 〈거래〉 외에 다른 거래가 없다고 가정할 경우 각 과세기간별 납부세액은 다음과 같이 계산한다.

구 분	×1년 제1기	×1년 제2기
매 출 세 액	—	100,000
매 입 세 액	△80,000	—
납부세액(△는 환급세액)	△80,000*	100,000
신 고 기 한	×1년 7월 25일	×2년 1월 25일

* 납세지 관할 세무서장은 각 과세기간별로 그 과세기간에 대한 환급세액을 확정신고기한이 지난 후 30일 이내에 환급하여야 한다.

3. 우리나라 부가가치세제도의 특징

(1) 전단계세액공제법의 채택

전단계세액공제법(Invoice method)이란 일정기간동안의 매출액에 세율을 곱하여 계산한 매출세액에서 전단계의 매입액에 세율을 곱하여 계산한 세금계산서에 의하여 확인된 매입세액을 공제함으로써 납부세액을 계산하는 방법을 말한다.

(2) 국세 및 지방세

부가가치세 차가감납부세액의 74.7%를 부가가치세(국세)로, 25.3%를 지방소비세(지방세)로 한다.

(3) 간접세

부가가치세는 재화 · 용역의 공급시 거래상대방으로부터 거래징수하여 납부하도록 하고 있으므로 세금을 납부하는 납세의무자와 그 세금을 부담하는 담세자가 다른 간접세에 해당된다.

(4) 소비지국과세방식 채택

소비지국 과세방식이란 국경을 넘나드는 거래에 대하여 생산지국에서는 부가가치세를 과세하지 않고 소비지국에서 부가가치세를 과세하는 방식을 말한다.

우리나라는 소비지국 과세방식을 채택하여 수출재화 또는 수입재화에 대하여 다음과 같이 처리하고 있다.

① 외국으로 수출하는 재화에 대하여는 영세율('0%'의 세율)을 적용한다. 소비지국 과세방식에 따르면 생산지국(수출국)에서는 과세하지 않는 것이 원칙이나, 수출업자에게 매입세액공제 혜택을 주기 위하여 형식적으로 영세율을 적용한다.

② 외국에서 수입하는 재화에 대하여는 세관장이 부가가치세를 과세하도록 함으로써 소비지국(수입국)에서 부가가치세를 과세한다.

제 2 장

총 칙

I. 납세의무자

사업자 또는 재화를 수입하는 자로서 개인, 법인(국가 · 지방자치단체와 지방자치단체 조합을 포함한다), 법인격이 없는 사단 · 재단 또는 그 밖의 단체는 부가가치세를 납부할 의무가 있다.

1. 사업자

1.1 정 의

사업자란 사업 목적이 영리이든 비영리이든 관계없이 사업상 독립적으로 재화 또는 용역을 공급하는 자를 말한다. 이를 구분하여 설명하면 다음과 같다.

(1) 사업목적이 영리이든 비영리이든 관계없다.

영리목적유무와는 무관하므로 개인, 법인뿐만 아니라 국가 · 지방자치단체와 지방자치단체조합도 부가가치세 납세의무를 진다. 다만, 면세대상 재화 · 용역을 공급하는 경우에는 예외로 한다.

(2) 사업성이 있어야 한다.

사업성이란 실질적인 사업조직을 갖추고 재화 · 용역을 계속적 · 반복적으로 공급하는 것을 말한다. 사업성이 있는지 여부는 실질에 따라 판단하므로 사업적으로 재화 · 용역을 공급한 경우에는 사업자등록 여부와 무관하게 부가가치세의 납세의무를 진다.

(3) 독립적으로 재화 · 용역을 공급하여야 한다.

부가가치세 납세의무자인 사업자가 되기 위해서는 인적 또는 물적으로 자기 책임하에 독립적으로 재화 · 용역을 공급하여야 하며, 다른 사업자에게 종속되거나 고용되지 않아야 한다.

사 례 고용관계에 따라 근로를 제공하는 것에 대하여는 부가가치세를 과세할 수 없다. 왜냐하면 근로자는 인적 독립성이 없으므로 사업자가 될 수 없기 때문이다.

1.2 사업자의 구분

(1) 과세사업자 : 간이과세자와 일반과세자

① 간이과세자(簡易課稅者) : 직전 연도의 공급대가의 합계액이 1억4백만원에 미달하는 개인사업자로서, 간편한 계산절차로 부가가치세를 신고 · 납부하는 개인사업자를 말한다.

② 일반과세자란 간이과세자가 아닌 사업자를 말한다.

(2) 면세사업자

면세사업자란 면세로 열거된 재화 · 용역을 공급하는 사업자를 말한다. 이러한 면세사업자는 부가가치세 신고의무 등 「부가가치세법」에서 정한 각종 의무를 이행하지 아니한다.

2. 재화를 수입하는 자

재화를 수입하는 자가 재화의 수입에 대하여 「관세법」에 따라 관세를 세관장에게 신고하고 납부하는 경우에는 재화의 수입에 대한 부가가치세를 함께 신고하고 납부하여야 한다. ⟶ 소비지국 과세방식에 따름

Ⅱ 과세기간

과세기간이란 부가가치세 계산의 기초가 되는 기간을 말한다.

1. 간이과세자

1월 1일부터 12월 31일까지를 과세기간으로 한다.

2. 일반과세자

부가가치세법에서는 6개월을 1과세기간으로 하여 1역년 중 상반기를 제1기, 하반기를 제2기 과세기간으로 하고 있다. 그리고 이를 다시 각 기별로 앞의 3개월을 "예정신고기간", 뒤의 3개월을 "과세기간최종3개월"로 구분하고 있다.

구 분	과 세 기 간	예정신고기간과 과세기간최종3개월		신고 · 납부기한
제 1 기	1월 1일 ~ 6월 30일	예 정 신 고 기 간	1. 1. ~ 3. 31.	4. 25.
		과세기간최종3개월*	4. 1. ~ 6. 30.	7. 25.
제 2 기	7월 1일 ~ 12월 31일	예 정 신 고 기 간	7. 1. ~ 9. 30.	10. 25.
		과세기간최종3개월*	10. 1. ~ 12. 31.	1. 25.

* 법적으로 정확한 표현은 아니나 과세기간 최종 3개월을 일반적으로 "확정신고기간"이라고 칭한다.

Ⅲ 신고 · 납부기한

1. 일반과세자

1.1 예정신고와 납부

(1) 원 칙

사업자는 예정신고기간이 끝난 후 25일 이내에 각 예정신고기간에 대한 과세표준과 납부세액 또는 환급세액을 납세지 관할세무서장에게 예정신고 · 납부하여야 한다.

(2) 특 례

1) 개인사업자 및 영세법인사업자에 대한 예정신고의무의 면제

개인사업자 및 영세법인사업자*1에 대해서는 예정신고의무를 면제하며, 그 대신 납세지관할세무서장이 각 예정신고기간마다 직전 과세기간에 대한 납부세액의 50%*2로 결정하여 다음과 같이 고지 · 징수한다.

구 분	납세고지서발부기간	징 수 기 한
제1기 예정신고기간분	4. 1. ~ 4. 10.	4. 25.
제2기 예정신고기간분	10. 1. ~ 10. 10.	10. 25.

*1 영세법인사업자란 직전 과세기간 공급가액의 합계액이 1억 5천만원 미만인 법인사업자를 말한다.

*2 납부세액의 50%에 1,000원 미만의 단수가 있을 때에는 그 단수금액은 버린다.

다만, 다음의 경우에는 징수하지 아니한다.

① 징수하여야 할 금액이 50만원 미만인 경우

② 간이과세자에서 해당 과세기간 개시일 현재 일반과세자로 변경된 경우

③ 「국세징수법」상 재난 등으로 인한 납부기한 등의 연장사유로 관할 세무서장이 징수하여야 할 금액을 사업자가 납부할 수 없다고 인정되는 경우

2) 개인사업자 및 영세법인사업자라도 예정신고를 할 수 있는 경우

다음의 사업자는 예정신고 · 납부할 수 있다.

① 휴업 또는 사업부진 등으로 인하여 각 예정신고기간의 공급가액 또는 납부세액이 직전 과세기간의 공급가액 또는 납부세액의 1/3에 미달하는 자

② 각 예정신고기간분에 대하여 조기환급을 받으려는 자

1.2 확정신고와 납부

사업자는 각 과세기간에 대한 과세표준과 납부세액 또는 환급세액을 그 과세기간이 끝난 후 25일(폐업하는 경우에는 폐업일이 속한 달의 다음 달 25일) 이내에 납세지 관할세무서장에게 확정신고·납부하여야 한다.

다만, 예정신고를 한 사업자 또는 조기에 환급을 받기 위하여 신고한 사업자는 이미 신고한 과세표준과 납부한 납부세액 또는 환급받은 환급세액은 신고하지 아니한다.

2. 간이과세자

2.1 예정부과와 납부

(1) 원 칙

사업장 관할세무서장은 간이과세자에 대하여 직전 과세기간에 대한 납부세액의 50%를 예정부과기간*1의 납부세액으로 결정하여 7월 1일부터 7월 10일까지 납세고지서를 발부하여 예정부과기한*2까지 징수한다.

*1 예정부과기간 : 1월 1일부터 6월 30일까지를 말한다.

*2 예정부과기한 : 예정부과기간이 끝난 후 25일 이내를 말한다.

다만, 다음의 경우에는 징수하지 아니한다.

① 징수하여야 할 금액이 50만원 미만인 경우

② 간이과세자가 일반과세자로 변경되어 그 변경 이전 1월 1일부터 6월 30일까지의 과세기간이 적용되는 간이과세자의 경우

③ 「국세징수법」상 재난 등으로 인한 납부기한 등의 연장사유로 관할 세무서장이 징수하여야 할 금액을 간이과세자가 납부할 수 없다고 인정되는 경우

(2) 예 외

① 예정신고 가능자 : 휴업 또는 사업부진 등으로 인하여 예정부과기간의 공급대가 또는 납부세액이 직전 과세기간의 공급대가 또는 납부세액의 1/3에 미달하는 간이과세자는 예정부과기간의 과세표준과 납부세액을 예정부과기한까지 신고·납부할 수 있다.

② 예정신고 의무자 : 예정신고기간에 세금계산서를 발급한 간이과세자는 예정부과기간의 과세표준과 납부세액을 신고하여야 한다.

2.2 확정신고와 납부

간이과세자는 과세기간의 과세표준과 납부세액을 그 과세기간이 끝난 후 25일(폐업하는 경우에는 폐업일이 속한 달의 다음 달 25일) 이내에 납세지 관할세무서장에게 확정신고를 하고 납부하여야 한다. 이 경우 예정부과로 징수한 세액 및 예정부과기간분에 대하여 신고납부한 세액은 공제하고 납부한다.

3. 재화의 수입에 대한 신고 · 납부

재화를 수입하는 자가 재화의 수입에 대하여 「관세법」에 따라 관세를 세관장에게 신고하고 납부하는 경우에는 재화의 수입에 대한 부가가치세를 함께 신고하고 납부하여야 한다.

Ⅳ 납세지와 과세관할

1. 개 요

납세의무자	납 세 지	과세 관할
사 업 자	각 사업장 소재지	납세지를 관할하는 세무서장 또는 지방국세청장
재화를 수입하는 자	「관세법」에 따라 수입을 신고하는 세관의 소재지	납세지를 관할하는 세관장

2. 원칙 : 사업장단위 과세

부가가치세는 각 사업장단위로 신고 · 납부하는 것을 원칙으로 하므로 각 사업장 소재지를 납세지로 한다. 여기서 사업장이란 사업자가 사업을 하기 위하여 거래의 전부 또는 일부를 하는 고정된 장소를 말한다.

(1) 주요 업종별 사업장

구 분	주요 업종의 사업장
광 업	광업사무소의 소재지
제 조 업	최종제품을 완성하는 장소. 다만, 따로 제품 포장만을 하거나 용기에 충전만을 하는 장소와 「개별소비세법」에 따른 저유소(貯油所)는 제외한다.
건설업 · 운수업과 부동산매매업	① 법인인 경우 : 법인의 등기부상의 소재지(등기부상의 지점소재지를 포함한다) ② 개인인 경우 : 사업에 관한 업무를 총괄하는 장소
부 동 산 임 대 업	부동산의 등기부상의 소재지
다단계판매원이 재화나 용역을 공급하는 사업	다단계판매원이 법에 의하여 등록한 다단계판매업자의 주된 사업장 소재지
무인자동판매기를 통하여 재화·용역을 공급하는 사업	사업에 관한 업무를 총괄하는 장소
비거주자 또는 외국법인	국내사업장 소재지

(2) 직매장과 하치장

직매장은 사업장으로 보나, 하치장은 사업장으로 보지 아니한다.

① 직매장 : 사업자가 자기의 사업과 관련하여 생산하거나 취득한 재화를 직접 판매하기 위하여 특별히 판매시설을 갖춘 장소를 말한다.

② 하치장 : 사업자가 재화를 보관하고 관리하는 시설만 갖춘 장소를 말한다.

(3) 임시사업장

임시사업장이란 사업장이 있는 사업자가 기존 사업장 외에 각종 경기대회나 박람회 등 행사가 개최되는 장소에서 임시로 개설하는 사업장을 말한다. 이러한 임시사업장은 사업자가 임시사업장을 개설하기 전에 두고 있던 기존사업장에 포함되는 것으로 본다. 따라서 별도로 사업자등록을 할 필요가 없다.

3. 사업장단위과세의 예외 : 주사업장총괄납부와 사업자단위과세

부가가치세는 각 사업장마다 신고 · 납부(또는 환급)하는 것이 원칙이나, 사업장이 둘 이상인 사업자의 편의를 위하여 다음 제도를 두고 있다.

구 분	주사업장총괄납부	사업자단위과세
의 의	• 주사업장에서 총괄하여 납부(환급)하는 제도 • 납부(환급)만 총괄하고 다른 의무는 각 사업장에서 이행함	• 본점 또는 주사무소에서 사업자단위로 등록하고 총괄하여 신고 · 납부(환급)하는 제도 • 세금계산서 발급 등 각종 의무도 본점 또는 주사무소에서 행함
적 용 요 건	신청만으로 적용가능	사업자 단위로 등록
주사업장 또는 사업자단위과세사업장	① 법인 : 본점 또는 지점 중 선택 ② 개인 : 주사무소	본점 또는 주사무소
신고 · 납부 및 세금계산서 수수	납부(환급)의 총괄이므로, 신고 · 사업자등록 · 세금계산서 수수는 각 사업장별로 행함	① 본점 또는 주사무소에서 사업자등록하며, 그 등록번호로 세금계산서를 수수함 ② 사업자단위과세적용사업장에서 신고 · 납부함

이해 甲 법인에게 X 사업장과 Y 사업장 존재시 사례를 통한 각 제도의 이해

		X 사 업 장	Y 사 업 장
사 업 장 단 위	신고세액	100	△20
	납부세액	100 (신고시 납부)	△20 (30일 내 환급)
주사업장총괄납부	신고세액	100	△20 (신고는 각각)
	납부세액	80 (= 100−20)(신고시 납부)	− (납부만 총괄)
사업자단위과세	신고세액	80 (= 100−20)	− (납부는 물론
	납부세액	80	− 신고도 총괄)

100은 바로 납부하고 20은 30일 내 환급하므로 법인의 자금부담문제발생

총괄납부하면 80만 납부하므로 문제해결

4. 과세 관할

사업자에 대한 부가가치세는 납세지를 관할하는 세무서장 또는 지방국세청장이 과세한다. 재화를 수입하는 자에 대한 부가가치세는 「관세법」에 따라 수입을 신고하는 세관의 소재지를 관할하는 세관장이 과세한다.

V 사업자등록

1. 사업자등록의 개념

사업자등록이란 사업자가 그 상호·사업장 소재지 등 사업내용을 사업장 관할세무서에 신고하여 그 관할세무서의 공부(公簿)에 등재하는 것을 말한다.

2. 사업자등록의 신청

사업자는 사업장마다 사업개시일*부터 20일 이내에 사업장 관할세무서장에게 등록을 신청하여야 한다. 다만, 신규로 사업을 시작하려는 자는 사업개시일 이전이라도 사업자등록을 신청할 수 있다.

* 여기서 사업개시일이란 다음의 날을 말한다.
① 제조업 : 제조장별로 재화의 제조를 시작하는 날
② 광업 : 사업장별로 광물의 채취·채광을 시작하는 날
③ 그 밖의 사업 : 재화나 용역의 공급을 시작하는 날

사업장이 둘 이상인 사업자는 사업자단위로 해당 사업자의 본점 또는 주사무소 관할세무서장에게 등록을 신청할 수 있다.

3. 사업자등록증의 발급

(1) 발급기한

사업자등록의 신청을 받은 사업장 관할세무서장은 사업자의 인적사항과 그 밖에 필요한 사항을 적은 사업자등록번호가 부여된 사업자등록증을 신청일부터 2일(토요일, 공휴일 또는 근로자의 날은 산정에서 제외한다) 이내에 신청자에게 발급하여야 한다.

다만, 국세청장이 필요하다고 인정하는 경우에는 발급기한을 5일 이내에서 연장하고 조사한 사실에 따라 사업자등록증을 발급할 수 있다.

※ 사업자등록 신청 및 발급절차

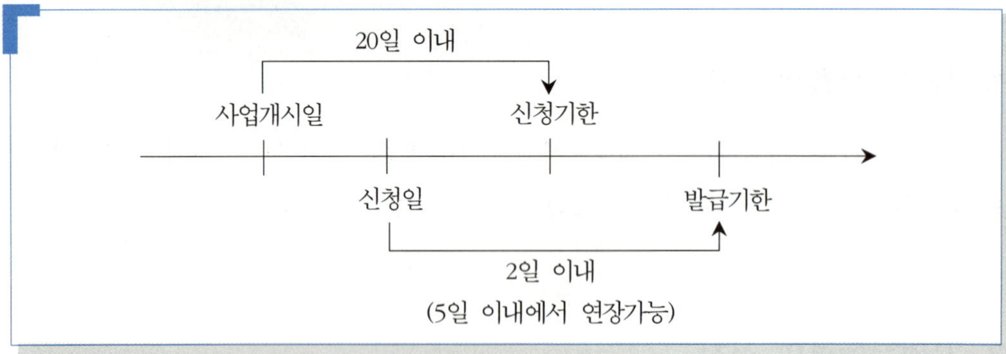

(2) 보정요구

사업장 관할세무서장은 사업자등록의 신청 내용을 보정할 필요가 있다고 인정될 때에는 10일 이내의 기간을 정하여 보정을 요구할 수 있다. 이 경우 해당 보정기간은 위 "(1)"의 본문 및 단서에 따른 기간에 산입하지 아니한다.

4. 직권등록과 등록거부

① 직권등록 : 사업자가 사업자등록을 하지 아니하는 경우에는 사업장 관할세무서장이 조사하여 등록할 수 있다.

② 등록거부 : 사업개시일 이전에 사업자등록의 신청을 받은 사업장 관할세무서장은 신청자가 사업을 사실상 시작하지 아니할 것이라고 인정될 때에는 등록을 거부할 수 있다.

■ 부가가치세법 시행규칙 [별지 제7호서식(1)]

사 업 자 등 록 증

( )

등록번호 :

① 상 호 : ② 성 명 :

③ 개 업 연 월 일 : 년 월 일 ④ 생년월일 :

⑤ 사업장 소재지 :

⑥ 사업의 종류 : 업태 종목 생산요소

⑦ 발 급 사 유 :

⑧ 공 동 사 업 자 :

⑨ 주류판매신고번호 :

⑩ 사업자 단위 과세 적용사업자 여부 : 여( ) 부( )

⑪ 전자세금계산서 전용 전자우편주소 :

년 월 일

○○세무서장 직인

제 3 장

과세거래 및 공급시기

1절 과세거래

I 개 요

부가가치세는 다음 거래에 대하여 과세한다.

과 세 거 래	비 고
① 재화의 공급 ② 용역의 공급	사업자가 공급한 것에 한하여 과세한다.
③ 재화의 수입	수입자가 사업자인지 여부와 무관하게 과세한다.

II 재화의 공급

1. 재화의 정의

재화란 재산 가치가 있는 물건 및 권리를 말한다. 여기서 물건과 권리란 다음의 것을 말한다.

구 분	범 위
물 건	① 상품, 제품, 원료, 기계, 건물 등 모든 유체물(有體物) ② 전기, 가스, 열 등 관리할 수 있는 자연력
권 리	광업권, 특허권, 저작권 등 물건 외에 재산적 가치가 있는 모든 것

2. 재화의 공급의 과세체계

- 재화의 공급
  - 실질적 공급
    - ① 매매계약에 따른 공급
    - ② 가공계약에 따른 공급
    - ③ 교환계약에 따른 공급
    - ④ 공매 · 경매 · 수용 · 현물출자 기타 계약상 · 법률상 원인에 따른 공급 등
  - 간주공급
    - ① 자가공급
    - ② 개인적공급
    - ③ 사업상증여
    - ④ 폐업시 잔존재화

3. 재화의 실질적 공급

재화의 공급은 계약상 또는 법률상의 모든 원인에 따라 재화를 인도하거나 양도하는 것으로 한다. 이에 따른 재화의 공급은 다음의 것으로 한다.

(1) 매매계약

현금판매 · 외상판매 · 할부판매 · 장기할부판매 · 조건부 및 기한부판매 · 위탁판매와 그 밖의 매매계약에 따라 재화를 인도하거나 양도하는 것

(2) 가공계약

자기가 주요자재의 전부 또는 일부를 부담하고 상대방으로부터 인도받은 재화에 공작을 가하여 새로운 재화를 만드는 가공계약에 따라 재화를 인도하는 것

(3) 교환계약

재화의 인도대가로서 다른 재화를 인도받거나 용역을 제공받는 교환계약에 따라 재화를 인도 또는 양도하는 것

(4) 경매, 수용, 현물출자 등

경매, 수용, 현물출자와 그 밖의 계약상 또는 법률상의 원인에 따라 재화를 인도 또는 양도하는 것. 다만, 다음의 것은 재화의 공급으로 보지 아니한다.

1) 법적 경매

㉠ 「국세징수법」에 따른 공매(수의계약에 따라 매각하는 것을 포함한다)

㉡ 「민사집행법」에 따른 경매(같은 법에 따른 강제경매, 담보권실행을 위한 경매, 「민법」·「상법」 등 그 밖의 법률에 따른 경매를 포함한다)

2) 법에 따른 수용

「도시 및 주거환경정비법」, 「공익사업을 위한 토지 등의 취득 및 보상에 관한 법률」 등에 따른 수용절차에서 수용대상 재화의 소유자가 수용된 재화에 대한 대가를 받는 경우에는 재화의 공급으로 보지 않는다.

4. 간주공급

간주공급이란 실질적 공급에 해당하지 않더라도 일정한 요건에 해당하는 거래들을 재화의 공급으로 간주하는 것을 말한다. 「부가가치세법」상 간주공급에는 자가공급·개인적 공급·사업상 증여·폐업시 잔존재화가 있는데, 이 내용은 세법개론에서 설명하기로 한다.

5. 재화의 공급으로 보지 않는 주요 경우

(1) 담보로 제공하는 경우

질권, 저당권 또는 양도담보의 목적으로 동산, 부동산 및 부동산상의 권리를 제공하는 경우에는 재화의 공급으로 보지 아니한다. 다만, 채무불이행으로 담보물이 채무변제에 충당된 경우에는 공급으로 본다.

(2) 사업을 포괄적으로 양도하는 경우

1) 개 념

사업의 포괄적 양도란 사업장별로 그 사업에 관한 모든 권리와 의무를 포괄적으로 승계시키는 것을 말한다. 다만, 미수금 · 미지급금에 관한 것, 해당 사업과 직접 관련이 없는 토지 · 건물 등의 자산을 포함하지 아니하고 승계시킨 경우에도 포괄적으로 승계시킨 것으로 본다.

2) 부가가치세 과세여부

사업을 포괄적으로 양도하는 경우에는 재화의 공급으로 보지 아니한다.

3) 특 례

사업양수자의 대리납부규정에 따라 그 사업을 양수받는 자가 대가를 지급하는 때에 그 대가를 받은 자로부터 부가가치세를 징수하여 납부한 경우는 사업의 포괄적 양도라도 재화의 공급으로 본다.

(3) 조세를 물납하는 경우

사업용 자산으로 상속세 · 재산세를 물납(物納)하는 경우에는 재화의 공급으로 보지 아니한다.

Ⅲ 용역의 공급

1. 용역의 정의

용역이란 재화 외에 재산 가치가 있는 모든 역무(役務)와 그 밖의 행위를 말한다. 이는 구체적으로 건설업, 숙박 및 음식점업, 부동산업 및 임대업(전 · 답 · 과수원 · 목장용지 · 임야 또는 염전임대업은 제외), 운수업 등 「부가가치세법」에 열거된 사업에 해당하는 모든 역무와 그 밖의 행위로 한다.

2. 과세대상 용역의 공급

용역의 공급은 계약상 또는 법률상의 모든 원인에 따른 것으로서 다음 중 어느 하나에 해당하는 것으로 한다.

① 역무를 제공하는 것(의미 : 인적서비스를 제공하는 것을 말한다)

② 시설물, 권리 등 재화를 사용하게 하는 것(의미 : 물적서비스를 제공하거나, 특허권 등 권리를 대여하는 것을 말한다)

3. 용역의 공급으로 보지 않는 경우

① 용역의 무상공급 : 사업자가 대가를 받지 아니하고 타인에게 용역을 공급하는 것은 용역의 공급으로 보지 아니한다. 다만, 사업자가 특수관계인에게 사업용 부동산의 임대용역을 공급하는 것은 용역의 공급으로 본다(과세되지 않는 예외 있음).

② 고용관계에 따라 근로를 제공하는 것

Ⅳ 재화의 수입

재화의 수입은 다음 중 어느 하나에 해당하는 물품을 국내에 반입하는 것으로 한다.

① 외국으로부터 국내에 도착한 물품으로서 수입신고가 수리(受理)되기 전의 것

② 수출신고가 수리된 물품[수출신고가 수리된 물품으로서 선적(船積)되지 아니한 물품을 보세구역에서 반입하는 경우는 제외한다]

2절 공급시기

Ⅰ. 개 요

공급시기란 재화 · 용역의 공급이 이루어지는 시기를 말한다.

부가가치세는 과세기간을 단위로 과세하므로 공급시기는 재화 · 용역의 공급이 어느 과세기간에 귀속되는가를 결정하는 기준이 된다.

Ⅱ. 재화의 공급시기

재화가 공급되는 시기는 다음의 구분에 따른 때로 한다.

① 재화의 이동이 필요한 경우 : 재화가 인도되는 때

② 재화의 이동이 필요하지 아니한 경우(사례 : 건물의 매매) : 재화가 이용가능하게 되는 때

③ 위 규정을 적용할 수 없는 경우 : 재화의 공급이 확정되는 때

Ⅲ. 용역의 공급시기

용역이 공급되는 시기는 다음 중 어느 하나에 해당하는 때로 한다.

① 역무의 제공이 완료되는 때

② 시설물, 권리 등 재화가 사용되는 때

Ⅳ 재화의 수입시기

재화의 수입시기는 「관세법」에 따른 수입신고가 수리된 때로 한다.

Ⅴ 주요 거래 별 공급시기

1. 재화의 할부판매 및 장기할부판매

(1) 개 념

재화를 공급한 후 그 대가를 2회 이상 분할하여 받는 것으로서 인도일의 다음 날부터 최종의 할부금의 지급기일까지의 기간이 1년 이상인 것을 장기할부판매, 1년 미만인 것을 (단기)할부판매라 한다.

(2) 공급시기

① (단기)할부판매 : 재화가 인도되거나 이용가능하게 되는 때

② 장기할부판매 : 대가의 각 부분을 받기로 한 때(주의 : 대금의 수령여부와는 무관함)

» 그림 인도일 · 이용가능일(용역은 용역제공완료일) 이후 대금을 분할회수하는 경우 공급시기

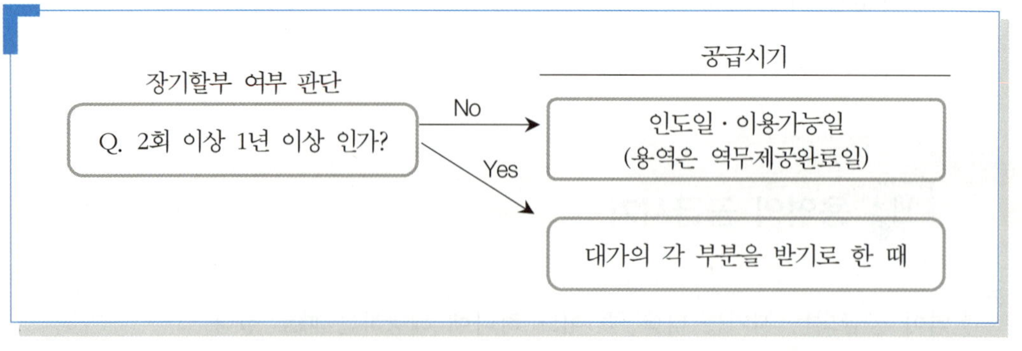

사례 ×1년 2월 1일에 제품을 20,000,000원에 판매하고 매월말 1,000,000원씩 회수하기로 약정하였다. 2월부터 5월분 판매대금은 적정하게 회수하였으나, 6월분은 7월 31일에 회수하였다. 이 경우 ×1년 제1기 과세기간(1. 1. ~ 6. 30.)의 과세표준은?

① 판단 : 2회 이상 1년 이상이므로 장기할부판매. 따라서 대가의 각 부분을 받기로 한 때가 공급시기

② 제1기 과세표준 : 1,000,000 × 5개월 = 5,000,000

2. 임대료의 공급시기

① 임대료(공급단위를 구획할 수 없는 용역의 계속적 공급에 해당) : 대가의 각 부분을 받기로 한 때

사례 ×1년 2월 1일에 상가를 매월말 1,000,000원의 임대료를 받는 조건으로 1년의 임대계약을 체결하였는데, 6월분 임대료를 7월 1일에 수령하였다. 이 경우 ×1년 제1기 과세기간(1. 1. ~ 6. 30.)의 과세표준은?

1,000,000 × 5개월 = 5,000,000

② 선세금*, 간주임대료 : 예정신고기간의 종료일 또는 과세기간의 종료일

* (1) 개념 : 선세금이란 둘 이상의 과세기간에 걸쳐 부동산 임대용역을 공급하고 그 대가를 선불 또는 후불로 받는 경우 그 금액을 말한다.

(2) 과세표준의 계산방법 : 월할 계산한다. 이 경우 월수는 초월산입 · 말월불산입(계약기간의 개시일이 속하는 달이 1개월 미만이면 1개월로 하고, 종료일이 속하는 달이 1개월 미만이면 산입하지 아니하는 것을 말한다)한다.

사례 ×1년. 2. 10. ~ ×2년. 2. 9.의 임대계약 체결하고 총임대료 240을 ×1년. 2. 10.에 받을 경우

① ×1년 제1기 예정신고기간(1. 1 ~ 3. 31.)의 과세표준 : $240 \times \frac{2개월}{12개월} = 40$

(이 금액의 공급시기 : ×1년. 3. 31.)

② ×1년 제1기 확정신고기간(4. 1. ~ 6. 30.)의 과세표준 : $240 \times \frac{3개월}{12개월} = 60$

(이 금액의 공급시기 : ×1년. 6. 30.)

제 4 장

영세율과 면세

Ⅰ. 개 요

1. 계산구조

과세사업자와 면세사업자의 부가가치세 납부세액의 계산구조는 다음과 같다.

구 분	과세사업자		면세사업자
	일반 과세사업자	영세율사업자	
매 출 세 액	(공급가액×10%) ×××	(공급가액×0%) —	—
매 입 세 액	△×××	△×××	—
납 부 세 액 (또는 환급세액)	××× (△×××)	△×××	—

영세율제도란 법에서 정한 재화 또는 용역의 공급에 대하여 공급가액에 "0"의 세율을 적용하여 매출세액을 "0"으로 하되, 매입시 부담한 매입세액은 전액 공제(환급)하여 주는 제도를 말한다.

면세제도란 법에서 정한 재화 또는 용역의 공급에 대하여 부가가치세 납세의무 자체를 면제함으로써 매출세액이 발생하지 아니하며, 동시에 매입시 부담한 매입세액도 공제(환급)하지 아니하는 제도를 말한다.

사례 ① 거래

원재료 200 → 사업자 → 제품매출 300

VAT 20

② 위 거래의 경우 사업자 종류별 납부세액 계산방법

	과세사업자				면세사업자
	일반사업자		0세율 사업자		
매출세액	(300×10%)	30	(300×0%)	0	–
매입세액		△20		△20	–
납부세액		10		△20	–

2. 두 제도의 차이

구 분	영세율사업자	면세사업자
제도의 취지	소비지국 과세방식 적용	세부담의 역진성 완화
납세의무자 여부	납세의무자이다	납세의무가 없다
사업자등록, 신고, 세금계산서 발급, 매출처별세금계산서합계표 제출 등의 의무	있다 (의무불이행시 가산세 적용)	없다*

* 다만, 「부가가치세법」상 면세사업자라도 대리납부의무 및 「법인세법」 또는 「소득세법」에 따른 사업자등록의무, 계산서의 발급 및 제출, 매입처별세금계산서합계표의 제출의무는 진다.

Ⅱ 영세율 적용대상

(1) 재화의 수출
(2) 용역의 국외공급
(3) 외국항행용역의 공급
(4) 외화 획득 재화 또는 용역의 공급 등
(5) 「조세특례제한법」 제105조에 규정된 영세율 적용대상

1. 재화의 수출

(1) 내국물품을 외국으로 반출하는 것

내국물품을 외국으로 반출하는 직수출과 대행위탁수출*은 유상·무상거래를 불문하고 영세율을 적용한다.

* ① 직수출 : 사업자가 자기의 계산으로 생산하거나 취득한 내국물품을 자신의 명의로 외국에 반출하는 것을 말한다.
  ② 대행위탁수출 : 자신의 명의가 아닌 수출업자의 명의로 외국에 반출하는 것을 말한다.

(2) 재화의 공급은 외국에서 이루어지나 실질적인 수출에 해당하는 것

중계무역 방식의 수출, 위탁판매수출 등 법에 정한 것으로서 국내 사업장에서 계약과 대가수령 등 거래가 이루어지는 것에 대하여는 영세율을 적용한다.

(3) 국내거래지만 수출하는 재화에 포함하는 것

① 내국신용장(Local L/C) 또는 구매확인서에 의하여 공급하는 재화[금지금(金地金)은 제외]. 다만, 그 재화의 공급시기가 속하는 "과세기간이 끝난 후 25일(그 날이 공휴일 또는 토요일인 경우에는 바로 다음 영업일을 말한다) 이내에 개설"하는 내국신용장 또는 발급하는 구매확인서에 한정하여 영세율을 적용한다. 따라서 그 후에 개설·발급하는 경우에는 영세율을 적용하지 않는다.

그림 Local L/C 절차 및 0세율 적용 여부

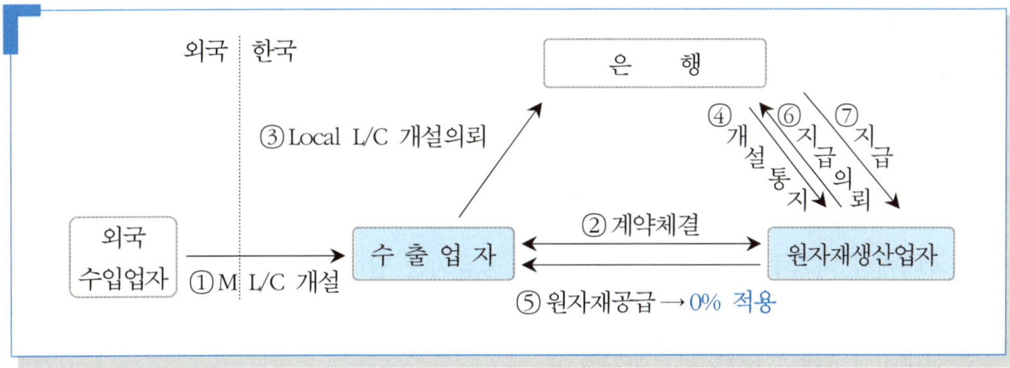

② 한국국제협력단 · 한국국제보건의료재단 · 대한적십자사에 공급하는 재화(해당 단체가 외국에 무상반출하는 경우에 한함)

③ 법에 정한 요건을 모두 갖춘 수탁가공무역

2. 용역의 국외공급

국외에서 공급하는 용역에 대하여는 영세율을 적용한다.

사례 (주)현대건설이 이란에서 (주)삼성건설에게 건설용역을 제공하는 경우 그 대금의 결제방법(원화 또는 외화)과 무관하게 영세율을 적용한다.

3. 외국항행용역의 공급

선박 또는 항공기에 의한 외국항행용역*의 공급에 대하여는 영세율을 적용한다.

* 외국항행용역 : 선박 또는 항공기에 의하여 여객이나 화물을 국내에서 국외로, 국외에서 국내로 또는 국외에서 국외로 수송하는 것을 말한다.

4. 외화 획득 재화 또는 용역의 공급 등

외화를 획득하기 위한 재화 또는 용역의 공급으로서 다음에 해당하는 경우에는 영세율을 적용한다.

(1) 대금결제방법에 제한이 있는 것

① 국내에서 비거주자 또는 외국법인에게 공급되는 법에 정한 요건을 충족한 재화 또는 사업에 해당하는 용역

② 외국인관광객에 대한 관광알선용역

③ 외국인전용판매장 등을 경영하는 자가 공급하는 재화 또는 용역

(2) 대금결제방법에 특별한 제한이 없는 것

① 법에 정한 요건을 갖춘 수출재화임가공용역(수출재화염색임가공 포함)

② 우리나라에 상주하는 외교공관, 영사기관, 국제연합과 이에 준하는 국제기구(우리나라가 당사국인 조약과 그 밖의 국내법령에 따라 특권과 면제를 부여받을 수 있는 경우만 해당한다) 등에 공급하는 재화 · 용역

③ 우리나라에 상주하는 국제연합군 또는 미합중국군대에 공급하는 재화 또는 용역

④ 외국을 항행하는 선박 · 항공기 또는 원양어선에 공급하는 재화 · 용역. 다만, 사업자가 부가가치세를 별도로 적은 세금계산서를 발급한 경우에는 영세율을 적용하지 아니한다.

⑤ 외교공관등의 소속 직원으로서 해당 국가로부터 공무원 신분을 부여받은 자 또는 외교부장관으로부터 이에 준하는 신분임을 확인받은 자 중 내국인이 아닌 자에게 대통령령으로 정하는 방법에 따라 재화 또는 용역을 공급하는 경우. 다만, 해당 외국에서 대한민국의 외교공관 및 영사기관 등의 직원에게 공급하는 재화 · 용역에 대하여 동일하게 면세하는 경우에만 영세율을 적용한다(상호주의).

Ⅲ 면세대상

1. 기초생활필수 재화 · 용역(∵ 세부담의 역진성 완화)

① 미가공식료품(식용으로 제공되는 농 · 축 · 수 · 임산물 포함) → 국산 · 외국산 불문

② 국내생산 비식용 농 · 축 · 수 · 임산물로서 미가공된 것 → 국산만 면세

③ 수돗물 → 생수 및 전기는 과세

④ 연탄과 무연탄 → 유연탄 · 갈탄 · 착화탄은 과세

⑤ 여성용 생리처리 위생용품, 영유아용 기저귀와 분유

⑥ 여객운송용역(예 : 지하철 · 시내버스 요금). 다만, 다음 중 어느 하나에 해당하는 것은 과세함

㉠ 화물운송용역, 항공기 · 운행형태가 고속인 시외버스운송사업(단, 시외우등고속버스 및 시외고급고속버스만 과세하며, 일반 고속버스는 면세함) · 전세버스운송사업 · 일반택시운송사업 · 개인택시운송사업 · 자동차대여사업 · 특종선박 · 고속철도에 의한 여객운송용역

㉡ 삭도, 유람선 등 관광 또는 유흥목적의 운송수단에 의한 여객운송용역

⑦ 주택과 그 부수토지의 임대용역 → 상가와 그 부수토지의 임대용역은 과세

⑧ 「주택법」에 따른 관리규약에 따라 관리주체 또는 입주자대표회의가 제공하는 복리시설인 공동주택 어린이집의 임대용역

2. 국민후생용역 · 재화

① 의료보건용역과 혈액(치료 · 예방 · 진단 목적으로 조제한 동물의 혈액 포함). 다만, 다음의 의료보건용역은 과세대상이다.

㉠ 「국민건강보험법」에 따라 요양급여의 대상에서 제외되는 미용 · 성형 수술(예 : 쌍꺼풀수술, 코성형수술, 여드름 치료술, 제모술, 탈모치료술 등)

㉡ 수의사가 제공하는 동물 진료용역은 가축 · 수산동물 · 장애인보조견 진료용역, 수급자가 기르는 동물 진료용역, 질병의 예방 및 치료를 목적으로 하는 동물의 진료용역으로서 별도로 고시하는 용역만 면세하며, 그 외의 것은 과세

② 교육용역. 다만, 무도학원 및 자동차운전학원에서 가르치는 교육용역은 과세대상이다.

3. 문화 관련재화 · 용역

① 도서(도서대여용역 포함) · 신문 및 인터넷 신문과 정기간행물 · 잡지 · 관보 · 뉴스통신 → 광고는 과세

② 예술창작품(미술, 음악, 사진, 연극, 무용 창작품), 영리를 목적으로 하지 않는 예술행사 및 문화행사, 아마추어 운동경기 → 골동품 · 모방제작한 미술품은 과세

③ 도서관 · 과학관 · 박물관 · 미술관 · 동물원 · 식물원 · 해양수족관 · 민속문화자원을 소개하는 장소 · 전쟁기념관에의 입장 → 오락유흥시설과 함께 있는 동물원 등의 입장료는 과세

4. 부가가치 생산요소

① 법에 정한 금융 · 보험용역

② 토지의 공급 → 건물의 공급은 과세하는 것이 원칙

③ 법령으로 정한 인적용역

※ 부동산의 공급 또는 임대시 과세여부

구 분	공급시	임대시*
건 물	과세. 단, 국민주택공급은 면세	주택 : 면세, 상가 : 과세
토 지	무조건 면세	주택부수토지 : 면세, 상가부수토지 : 과세

* 전 · 답 · 과수원 · 목장용지 · 임야 · 염전 임대업은 과세대상 용역을 제공하는 사업이 아니다.

5. 그 밖의 면세항목

① 우표 · 인지 · 증지 · 복권 · 공중전화 ···→ 수집용 우표는 과세

② 특정한 제조담배[판매가격이 200원(20개비 기준) 이하인 것, 특수용 담배로서 영세율 적용되는 것을 제외한 것]

③ 종교 · 자선 · 학술 · 구호, 그밖의 공익을 목적으로 하는 단체가 공급하는 재화 · 용역

④ 국가 · 지방자치단체 · 지방자치단체조합이 공급하는 재화 · 용역. 단, 법령에 열거된 것은 과세

⑤ 국가 · 지방자치단체 또는 공익단체에 무상으로 공급하는 재화 · 용역 ···→ 유상으로 공급하는 경우에는 과세

⑥ 국민주택의 공급과 국민주택건설용역의 공급 등 「조세특례제한법」상 면세대상 재화 · 용역

⑦ 법령에 열거된 재화의 수입 등

제 5 장

세금계산서와 영수증

I 세금계산서

1. 세금계산서의 기능

세금계산서란 과세사업자가 재화 또는 용역을 공급할 때 그 공급과 관련된 부가가치세를 거래징수하고 그 거래사실 및 거래내용을 증명하기 위하여 발급하는 다음과 같은 양식의 세금영수증을 말한다.

■ 부가가치세법 시행규칙 [별지 제14호서식]

세금계산서(공급자보관용)

책 번 호	권	호
일 련 번 호	-	

공급자	등 록 번 호	- -			공급받는자	등 록 번 호		
	상호(법인명)		성 명 (대표자)			상호(법인명)	성 명 (대표자)	
	사업장 주소					사업장 주소		
	업 태		종 목			업 태	종 목	

작성				공급가액												세액										비 고
연	월	일	공란수	조	천	백	십	억	천	백	십	만	천	백	십	일	천	백	십	억	천	백	십	만	천	백	십	일	

월	일	품 목	규 격	수 량	단 가	공 급 가 액	세 액	비 고

합 계 금 액	현 금	수 표	어 음	외상 미수금	이 금액을 영수/청구 함

2. 세금계산서의 발급절차

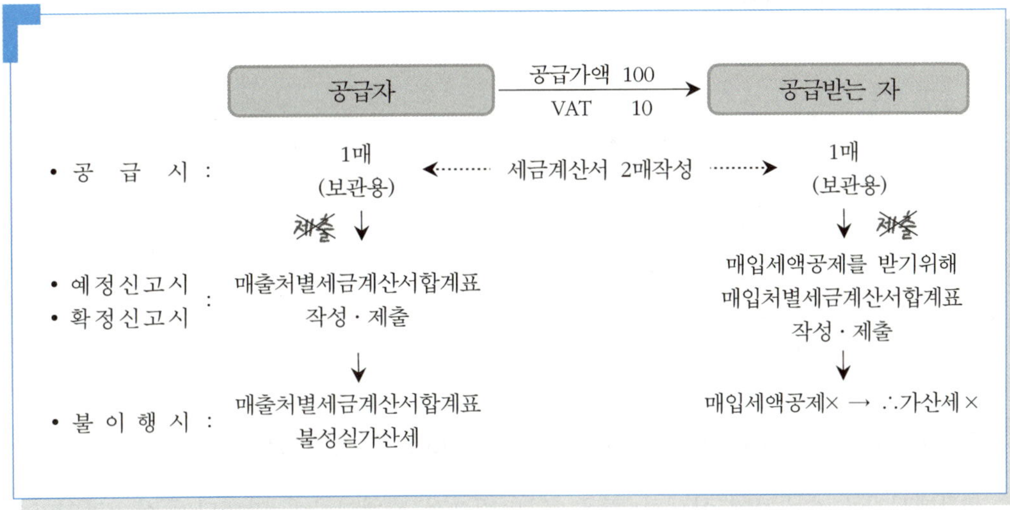

3. 전자세금계산서

(1) 발급의무자

세금계산서의 종류로 일반적인 세금계산서(종이세금계산서)와 전자세금계산서가 있다. 법인사업자와 전자세금계산서 의무발급 개인사업자*는 전자세금계산서를 발급하여야 한다.

* 전자세금계산서 의무발급 개인사업자 : 직전 연도의 사업장별 재화 및 용역의 공급가액(면세공급가액 포함) 합계액이 8,000만원 이상인 개인사업자를 말한다.

(2) 전 송

전자세금계산서 발급일의 다음 날까지 전자세금계산서 발급명세를 국세청장에게 전송하여야 한다.

4. 기재사항 및 부실기재시 제재조치

(1) 세금계산서 기재사항

구 분	항 목
필요적 기재사항	① 공급하는 사업자의 등록번호와 성명 또는 명칭 ② 공급받는 자의 등록번호 ③ 공급가액과 부가가치세액 ④ 작성연월일
임의적 기재사항	위의 필요적 기재사항 외의 기타사항

(2) 세금계산서의 미수수 또는 필요적 기재사항의 부실기재시 제재조치

세금계산서를 수수하지 아니한 경우 또는 필요적 기재사항이 기재되지 아니하였거나 사실과 다르게 기재된 경우에는 다음과 같은 불이익이 따른다.

① 세금계산서를 발급한 자 : 세금계산서불성실가산세를 적용한다.

② 세금계산서를 발급받은 자 : 매입세액을 공제받을 수 없다. 이와 같이 매입세액공제를 받지 못하는 불이익을 당하므로 가산세는 부과하지 아니한다.

Ⅱ 영수증

1. 개 요

영수증이란 필요적 기재사항 중 공급받는 자와 부가가치세를 적지 않는 계산서를 말한다. 사업자간의 거래에 있어서는 재화·용역의 공급과 함께 세금계산서를 발급하여야 하나, 주로 최종소비자에게 공급하는 경우에는 세금계산서 발급으로 인한 실익이 없기 때문에 일종의 거래증빙으로서 영수증을 발급하도록 하고 있다.

2. 영수증을 발급하는 사업자

(1) 다음의 업종을 영위하는 사업자

주로 사업자가 아닌 자에게 재화·용역을 공급하는 다음의 사업자는 그 공급을 받은 자에게 세금계산서를 발급하는 대신 영수증을 발급한다.

<table>
<tr><th colspan="2">영수증을 발급하는 사업</th><th>정 리 사 항</th></tr>
<tr><td colspan="2">① 소매업
② 음식점업(다과점업 포함)
③ 숙박업
④ 간이과세가 배제되는 회계사, 세무사, 변호사 등 전문자격사업 및 행정사업. 다만, 사업자에게 공급하는 것은 세금계산서를 발급하여야 한다.
⑤ 우정사업조직이 소포우편물을 방문접수하여 배달하는 용역을 공급하는 사업
⑥ 공인인증서를 발급하는 사업. 다만, 공급받는 자가 사업자로서 세금계산서의 발급을 요구하는 경우에는 세금계산서를 발급하여야 한다.
⑦ 주로 소비자에게 재화·용역을 공급하는 법에 정한 사업</td><td rowspan="2">공급을 받는 사업자가 사업자등록증을 제시하고 세금계산서 발급을 요구하는 때에는 영수증 대신 세금계산서를 발급하여야 한다.</td></tr>
<tr><td rowspan="2">⑧ 여객운송업</td><td>전세버스운송사업</td></tr>
<tr><td>위 외의 여객운송업</td><td rowspan="2">상대방이 요구한 경우에도 세금계산서를 발급할 수 없다.</td></tr>
<tr><td colspan="2">⑨ 미용, 욕탕 및 유사서비스업
⑩ 입장권을 발행하여 영위하는 사업
⑪ 부가가치세가 과세되는 진료용역을 공급하는 사업
⑫ 부가가치세가 과세되는 수의사가 제공하는 동물진료용역
⑬ 부가가치세가 과세되는 무도학원·자동차운전학원 사업</td></tr>
</table>

(2) 간이과세자 중 다음 중 어느 하나에 해당하는 자

① 직전 연도의 공급대가의 합계액이 4천800만원 미만인 자

② 신규로 사업을 시작하는 개인사업자로서 간이과세 적용신고를 함에 따라 간이과세자로 하는 최초의 과세기간 중에 있는 자

Ⅲ 세금계산서 · 영수증의 발급의무의 면제

다음의 재화 · 용역을 공급하는 경우에는 세금계산서 또는 영수증 발급의무가 면제된다.

① 택시운송 사업자, 노점 또는 행상을 하는 사람, 그 밖에 기획재정부령으로 정하는 사업자가 공급하는 재화 또는 용역

② 소매업 또는 미용, 욕탕 및 유사서비스업을 경영하는 자가 공급하는 재화 · 용역. 다만, 소매업의 경우는 공급받는 자가 세금계산서의 발급을 요구하면 세금계산서를 발급하여야 한다.

③ 간주공급(자가공급 · 개인적공급 · 사업상 증여 · 폐업시 재고재화) 해당 재화. 다만, 직매장반출 등 판매목적으로 자기의 다른 사업장에 반출하는 것은 세금계산서를 발급하여야 한다.

④ 부동산임대용역 중 간주임대료 ⋯→ 실제임대료는 세금계산서 발급대상이나, 간주임대료는 발급대상 아님

⑤ 수출하는 재화 등 법에 정한 영세율적용대상재화 또는 용역

⑥ 「전자서명법」에 따른 공인인증기관이 공인인증서를 발급하는 용역. 다만, 공급받는 자가 사업자로서 세금계산서의 발급을 요구하는 경우에는 제외한다.

⑦ 「부가가치세법」(제53조의 2 ③)에 따라 간편사업자등록을 한 사업자가 국내에 공급하는 전자적용역

⑧ 국내사업장이 없는 비거주자 · 외국법인에게 종급하는 것. 단, 다음 중 어느 하나에 해당하는 경우는 제외한다

　㉠ 국내사업장이 없는 비거주자 · 외국법인이 해당 외국의 개인사업자 또는 법인사업자임을 증명하는 서류를 제시하고 세금계산서 발급을 요구하는 경우

　㉡ 외국법인 연락사무소에 재화 · 용역을 공급하는 경우

제 6 장 일반과세자의 부가가치세 계산구조

일반과세자의 부가가치세 계산구조는 다음과 같다.

	매 출 세 액
(−)	매 입 세 액
	납 부 세 액
(−)	공 제 세 액 등
(+)	가 산 세
	차 가 감 납 부 세 액 *

* 납부세액에서 감면세액 및 공제세액을 빼고 가산세를 더한 세액의 74.7%를 부가가치세로, 25.3%를 지방소비세로 한다.

■ 부가가치세법 시행규칙 [별지 제21호서식]

일반과세자 부가가치세 [ ]예정 [ ]확정 / [ ]기한후과세표준 / [ ]영세율 등 조기환급 신고서

관리번호		처리기간	즉시
신고기간	년 제 기 (월 일 ~ 월 일)		

사업자	상 호(법인명)		성 명(대표자명)		사업자등록번호	- -
	생년월일			전화번호	사업장 / 주소지 / 휴대전화	
	사업장 주소				전자우편 주소	

❶ 신 고 내 용

구 분				금 액	세율	세 액
과세 표준 및 매출 세액	과세	세금계산서 발급분	(1)		10 / 100	
		매입자발행 세금계산서	(2)		10 / 100	
		신용카드 · 현금영수증 발행분	(3)		10 / 100	
		기타(정규영수증 외 매출분)	(4)		10 / 100	
	영세율	세금계산서 발급분	(5)		0 / 100	
		기 타	(6)		0 / 100	
	예 정 신 고 누 락 분		(7)			
	대 손 세 액 가 감		(8)			
	합 계		(9)		㉮	
매입 세액	세금계산서 수 취 분	일 반 매 입	(10)			
		수출기업 수입분 납부유예	(10-1)			
		고정자산 매입	(11)			
	예 정 신 고 누 락 분		(12)			
	매입자발행 세금계산서		(13)			
	그 밖의 공제매입세액		(14)			
	합계(10)-(10-1)+(11)+(12)+(13)+(14)		(15)			
	공제받지 못할 매입세액		(16)			
	차 감 계 (15)-(16)		(17)		㉯	
납부(환급)세액 (매출세액㉮-매입세액㉯)					㉰	
경감 · 공제 세액	그 밖의 경감 · 공제세액		(18)			
	신용카드매출전표등 발행공제 등		(19)			
	합 계		(20)		㉱	
소규모 개인사업자 부가가치세 감면세액			(20-1)		㉲	
예 정 신 고 미 환 급 세 액			(21)		㉳	
예 정 고 지 세 액			(22)		㉴	
사업양수자가 대리납부한 세액			(23)		㉵	
매입자 납부특례에 따라 납부한 세액			(24)		㉶	
신용카드업자가 대리납부한 세액			(25)		㉷	
가 산 세 액 계			(26)		㉸	
차감 · 가감하여 납부할 세액(환급받을 세액)(㉰-㉱-㉲-㉳-㉴-㉵-㉶-㉷+㉸)					(27)	
총괄 납부 사업자가 납부할 세액(환급받을 세액)						

❷ 국세환급금 계좌신고	거래은행	은행 지점	계좌번호	
❸ 폐 업 신 고	폐업일		폐업 사유	

❹ 과 세 표 준 명 세

업 태	종목	생산요소	업종 코드	금 액
(28)				
(29)				
(30)				
(31) 수입금액 제외				
(32) 합 계				

「부가가치세법」 제48조 · 제49조 또는 제59조와 「국세기본법」 제45조의3에 따라 위의 내용을 신고하며, 위 내용을 충분히 검토하였고 신고인이 알고 있는 사실 그대로를 정확하게 적었음을 확인합니다.

년 월 일

신고인: (서명 또는 인)

세무대리인은 조세전문자격자로서 위 신고서를 성실하고 공정하게 작성하였음을 확인합니다.

세무대리인: (서명 또는 인)

세무서장 귀하

첨부서류	뒤쪽 참조

세무대리인	성 명		사업자등록번호		전화번호		생년월일	

※ 이 쪽은 해당 사항이 있는 사업자만 사용합니다.
※ 뒤쪽의 작성방법을 읽고 작성하시기 바랍니다.

사업자등록번호 [| |]-[|]-[| | | |] *사업자등록번호는 반드시 적으시기 바랍니다.

	구 분				금 액	세율	세 액
예정신고 누락분 명세	(7)매출	과세	세 금 계 산 서	(33)		10/100	
			기 타	(34)		10/100	
		영세율	세 금 계 산 서	(35)		0/100	
			기 타	(36)		0/100	
		합 계		(37)			
	(12)매입	세 금 계 산 서		(38)			
		그 밖의 공제매입세액		(39)			
		합 계		(40)			

	구 분			금 액	세율	세 액
(14) 그 밖의 공제 매입세액 명세	신용카드매출전표등 수령명세서 제출분	일반매입	(41)			
		고정자산매입	(42)			
	의 제 매 입 세 액		(43)		뒤쪽 참조	
	재 활 용 폐 자 원 등 매 입 세 액		(44)		뒤쪽 참조	
	과세사업전환 매입세액		(45)			
	재 고 매 입 세 액		(46)			
	변 제 대 손 세 액		(47)			
	외국인 관광객에 대한 환급세액		(48)			
	합 계		(49)			

	구 분		금 액	세율	세 액
(16) 공제받지 못할 매입세액 명세	공제받지 못할 매입세액	(50)			
	공통매입세액 면세사업등분	(51)			
	대 손 처 분 받 은 세 액	(52)			
	합 계	(53)			

	구 분		금 액	세율	세 액
(18) 그 밖의 경감·공제 세액 명세	전자신고 세액공제	(54)			
	전자세금계산서 발급세액 공제	(55)			
	택 시 운 송 사 업 자 경 감 세 액	(56)			
	대리납부 세액공제	(57)			
	현금영수증사업자 세액공제	(58)			
	기 타	(59)			
	합 계	(60)			

	구 분			금 액	세 율	세 액
(25) 가산세 명세	사 업 자 미 등 록 등		(61)		1/100	
	세금계산서	지연발급 등	(62)		1/100	
		지연수취	(63)		5/1,000	
		미발급 등	(64)		뒤쪽 참조	
	전자세금계산서 발급명세 전송	지연전송	(65)		3/1,000	
		미전송	(66)		5/1,000	
	세금계산서 합계표	제출 불성실	(67)		5/1,000	
		지연제출	(68)		3/1,000	
	신고 불성실	무신고(일반)	(69)		뒤쪽참조	
		무신고(부당)	(70)		뒤쪽참조	
		과소·초과환급신고(일반)	(71)		뒤쪽참조	
		과소·초과환급신고(부당)	(72)		뒤쪽참조	
	납 부 지 연		(73)		뒤쪽참조	
	영세율 과세표준신고 불성실		(74)		5/1,000	
	현금매출명세서 불성실		(75)		1/100	
	부동산임대공급가액명세서 불성실		(76)		1/100	
	매입자 납부특례	거래계좌 미사용	(77)		뒤쪽참조	
		거래계좌 지연입금	(78)		뒤쪽참조	
	신용카드매출전표등 수령명세서 미제출·과다기재		(79)		5/1,000	
	합 계		(80)			

	업 태		종 목	코드번호	금 액
면세사업 수입금액	(81)				
	(82)				
	(83)	수입금액 제외			
				(84)합 계	

계산서 발급 및 수취 명세	(85) 계산서 발급금액	
	(86) 계산서 수취금액	

제 7 장

과세표준과 매출세액

1절 계산구조

매출세액의 계산구조를 요약하면 다음과 같다.

구 분		과세표준	세 율	세 액
① 과 세	세금계산서발급분	×××	10%	×××
	기 타	×××	10%	×××
② 영세율*1	세금계산서발급분	×××	0%	0
	기 타	×××	0%	0
③ 예정신고누락분		×××*2		×××
④ 대손세액가감				×××
⑤ 합 계				×××

*1 영세율적용대상도 과세표준은 신고하여야 한다.

*2 예정신고때 누락한 금액을 확정신고 때 신고하는 경우에 기재한다.

2절 과세표준

I. 일반적인 경우

1. 재화 · 용역의 공급에 대한 과세표준

1.1 일반원칙

(1) 공급가액

재화 또는 용역의 공급에 대한 부가가치세의 과세표준은 해당 과세기간에 공급한 재화 또는 용역의 공급가액을 합한 금액으로 한다. 공급가액이란 다음의 가액을 말한다.

구 분	공 급 가 액*
① 금전으로 대가를 받는 경우	그 대가
② 금전 외의 대가를 받는 경우	자기가 공급한 재화 또는 용역의 시가

* 공급가액과 공급대가의 구분

구 분	개 념	비 고
① 공급가액	부가가치세를 포함하지 않는 금액	일반과세자의 과세표준
② 공급대가	부가가치세를 포함한 금액	간이과세자의 과세표준

(2) 과세표준에 포함되는 것

과세표준에는 대금, 요금, 수수료, 그 밖에 어떤 명목이든 상관없이 재화 또는 용역을 공급받는 자로부터 받는 금전적 가치 있는 모든 것을 포함한다. 따라서 다음의 것도 대가관계가 있는 것으로 보아 과세표준에 포함한다.

① 장기할부판매 또는 할부판매의 경우 이자상당액

사례 100의 제품을 장기할부조건으로 120으로 판매하는 경우 과세표준은 120(명목가액)이다.

② 대가의 일부로 받는 운송보험료 · 산재보험료 · 운송비 · 포장비 · 하역비 등

③ 개별소비세, 주세, 교통 · 에너지 · 환경세가 과세되는 재화 · 용역에 대하여는 개별소비세, 주세, 교통 · 에너지 · 환경세와 그 교육세 및 농어촌특별세상당액

취지 「부가가치세법」에서는 간접세(개별소비세, 주세, 교통 · 에너지 · 환경세)와 그에 대한 부가세(교육세 및 농어촌특별세)를 대가관계가 있는 것으로 보아 국내거래 · 수입거래를 불문하고 과세표준에 포함한다.

사례 매출액은 100,000,000원(공급가액)이고, 그 매출액에 대한 개별소비세는 10,000,000원, 개별소비세에 대한 교육세는 5,000,000원인 경우 과세표준은?
100,000,000 + 10,000,000 + 5,000,000 = 115,000,000

1.2 과세표준에 포함하지 않는 금액

다음의 금액은 부가가치세 과세표준에 포함하지 아니한다.

① 매출에누리, 매출환입 및 매출할인

취지 기업회계기준, 「법인세법」, 「소득세법」과 동일하게 처리하기 위하여 「부가가치세법」에서도 매출에누리, 매출환입 및 매출할인을 매출액에서 차감한다.

② 공급받는 자에게 도달하기 전에 파손되거나 훼손되거나 멸실된 재화의 가액

③ 재화 · 용역의 공급과 직접 관련되지 아니하는 국고보조금과 공공보조금

취지 공급과 직접 관련 없는 국고보조금과 공공보조금은 대가관계가 없기 때문이다(비교 : 공급과 직접 관련되어 받은 국고보조금과 공공보조금은 과세표준에 포함함).

④ 공급에 대한 대가의 지급이 지체되었음을 이유로 받는 연체이자

취지 연체이자는 공급자체와는 무관한 사후적인 대금결제의 문제이기 때문이다.

⑤ 반환조건부 용기대금과 포장비용. 다만, 반환조건으로 공급한 용기 및 포장을 회수할 수 없어 그 용기대금과 포장비용을 변상금 형식으로 변제받을 때에는 과세표준에 포함한다.

⑥ 사업자가 음식 · 숙박 용역이나 개인서비스 용역을 공급하고 그 대가와 함께 받는 종업원(자유직업소득자 포함)의 봉사료를 세금계산서, 영수증 또는 신용카드매출전표등에 그 대가와 구분하여 적은 경우로서 봉사료를 해당 종업원에게 지급한 사실이 확인되는 경우 그 봉사료. 다만, 사업자가 그 봉사료를 자기의 수입금액에 계상하는 경우에는 과세표준에 포함한다.

취 지 종업원에게 귀속되는 봉사료는 사업자의 공급에 대한 대가가 아니므로 포함하지 않되, 사업자의 수입금액으로 계상하면 사업자의 공급에 대한 대가로 보아 포함한다.

1.3 과세표준에서 공제하지 않는 금액

다음의 금액은 부가가치세 과세표준에서 공제하지 아니한다.

① 대손금

취 지 대손금은 공급자체와는 무관한 사후적인 대금결제의 문제이기 때문

② 재화 · 용역을 공급받는 자에게 지급하는 판매장려금

취 지 판매장려금을 매출차감항목이 아닌 판매비로 봄

③ 하자보증금

취 지 하자보증금은 하자보증기간이 종료되면 반환받을 예치금에 불과하기 때문

※ [정리] 과세표준의 계산

과세대상 제품의 총매출액	1,000	
매출에누리 · 매출환입 · 매출할인	△20	
대가의 지급 지연으로 인해 받은 연체이자	~~(+)50~~	(별도로 받는 연체이자를 포함×)
대손금	~~△100~~	(매출액에서 공제×)
판매장려금 지급액	~~△10~~	(매출액에서 공제×)
과세표준	980	

2. 재화의 수입에 대한 과세표준

재화의 수입에 대한 부가가치세의 과세표준은 다음과 같다.

과세표준 = 관세의 과세가격 + 관세 + 개별소비세, 주세, 교통 · 에너지 · 환경세* + 그 교육세, 농어촌특별세*

* 개별소비세, 주세, 교통 · 에너지 · 환경세와 같은 간접세가 과세되는 경우에는 국내거래 및 수입거래를 불문하고 대가관계가 있는 것으로 보아 해당 간접세와 그 간접세에 대한 부가세(교육세, 농어촌특별세)도 과세표준에 포함한다.

Ⅱ 부동산임대용역의 과세표준

부동산 임대용역을 공급하는 경우의 과세표준은 다음과 같이 계산한다.

과세표준 = 임대료 + 간주임대료 + 관리비수입

1. 임대료

(1) 일반 임대료

해당 과세기간에 받기로 한 임대료를 과세표준으로 한다.

(2) 선세금

사업자가 둘 이상의 과세기간에 걸쳐 부동산 임대용역을 공급하고 그 대가를 선불이나 후불로 받는 경우에는 다음 금액을 과세표준으로 한다.

$$\text{과세표준} = \text{선불·후불로 받은 임대료} \times \frac{\text{해당 과세기간 중 임대월수*}}{\text{총임대계약 기간월수*}}$$

* 이 경우 월수의 계산은 개시일이 속하는 달이 1개월 미만인 경우에는 1개월로 하고, 종료일이 속하는 달이 1개월 미만이면 산입하지 아니한다(초월산입 · 말월불산입).

2. 간주임대료 ⇢ 세금계산서 발급의무 없음

사업자가 부동산 임대용역을 공급하고 전세금이나 임대보증금을 받는 경우에는 금전 이외에 대가를 받는 것으로 보아 다음 산식에 따라 계산한 금액을 공급가액으로 한다.

$$(\text{전세금·임대보증금} \times \text{과세대상 기간의 일수}) \times \text{정기예금 이자율}^{*} \times \frac{1}{365} \left(\text{윤년은 } \frac{1}{366} \right)$$

* 여기서 정기예금이자율이란 해당 예정신고기간종료일 또는 과세기간종료일 현재의 계약기간 1년의 정기예금이자율을 말한다.

3. 관리비 수입

사업자가 과세되는 부동산을 임대하고 받는 관리비는 과세표준에 포함한다. 다만, 임차인이 부담하여야 할 보험료·수도료 및 공공요금 등을 별도로 구분징수하여 납입을 대행하는 경우 그 금액은 과세표준에 포함하지 아니한다.

예제 부동산임대용역공급시 과세표준

다음의 상가 임대 자료를 이용하여 일반과세자의 ×1년 제1기 과세기간(1. 1. ~ 6. 30.)의 부가가치세 과세표준을 계산하시오. 제시된 금액은 부가가치세가 포함되지 아니한 금액이다. 1년은 항상 365일이라고 가정한다.

1. 임대 내역
   ① 임대계약기간 : ×1년. 4. 1. ~ ×2년. 3. 31.
   ② 월임대료 : 1,000,000원
   ③ 월관리비 : 500,000원
   ④ 임대보증금 : 20,000,000원
2. 1년 만기 정기예금이자율은 2%라고 가정한다.

해답

임 대 료	: 1,000,000 × 3개월 =	3,000,000
관리비수입	: 500,000 × 3개월 =	1,500,000
간주임대료	: 20,000,000 × 91일* × 2% × $\frac{1}{365}$ =	99,726
계		4,599,726

* 4. 1.부터 6. 30.까지의 일수

3절 대손세액공제

1. 개 요

재화 · 용역을 외상매출한 경우 공급자는 공급시기인 인도일이 속하는 과세기간에 매출세액을 신고 · 납부한다. 그런데 그 후 과세기간에 공급받는 자가 파산 등의 사유로 상환할 수 없게 된 경우 공급자는 이미 납부한 부가가치세를 대손이 확정되는 과세기간의 매출세액에서 뺄 수 있다. 이를 대손세액공제제도라고 한다.

2. 적용요건

대손세액공제를 적용받기 위하여는 다음 요건을 모두 충족하여야 한다.

① 일반과세자의 부가가치세 과세 채권일 것
② 대손사유를 충족할 것
③ 법에 정하는 기간 이내에 대손이 확정되었을 것
④ 대손세액공제(변제)신고서 등을 제출할 것

(1) 일반과세자의 부가가치세 과세 채권일 것

대손세액공제는 일반과세자에게만 적용하며, 간이과세자에게는 적용하지 아니한다. 그리고 부가가치세가 과세되는 재화 · 용역을 공급하고 발생한 매출채권에 대하여 적용할 수 있는 것이므로 부가가치세 과세대상 채권이 아닌 대여금에 대하여는 대손세액공제를 적용할 수 없다.

(2) 대손사유 요건

다음 중 어느 하나에 해당하는 경우에는 대손세액공제를 받을 수 있다.

① 법에 따라 소멸시효가 완성된 채권 등 「법인세법」 및 「소득세법」에서 정하는 대손사유를 충족한 경우

② 「채무자 회생 및 파산에 관한 법률」에 따른 법원의 회생계획인가의 결정에 따라 채무를 출자전환하는 경우. 이 경우 대손되어 회수할 수 없는 금액은 출자전환하는 시점의 출자전환된 매출채권 장부가액과 출자전환으로 취득한 주식 또는 출자지분의 시가와의 차액으로 한다.

(3) 기간 요건

재화·용역을 공급한 후 그 공급일로부터 10년이 지난날이 속하는 과세기간에 대한 확정신고기한까지 대손이 확정되어야 한다.

사례 ×4년. 6. 10.에 재화를 공급한 경우에는 그 날로부터 10년이 지난날인 ×14년. 6. 11.이 속하는 과세기간의 확정신고기한인 ×14년. 7. 25.까지 대손이 확정되어야 한다.

(4) 신고서의 제출요건

대손세액 공제를 받으려는 사업자는 부가가치세 확정신고서에 대손세액공제(변제)신고서와 대손사실 또는 변제사실을 증명하는 서류를 첨부하여 관할 세무서장에게 제출하여야 한다. ⟶ 예정신고시에는 대손세액공제를 받을 수 없음

3. 대손세액

$$대손세액 = 대손금액(부가가치세\ 포함) \times \frac{10}{110}*$$

* 취지 대손금액(예 : 110)에는 부가가치세(10%)가 포함되어 있으므로 대손금액 중 부가가치세를 계산하기 위하여 10/110을 곱한다.

예제 부가가치세 매출세액

제조업을 영위하는 과세사업자인 甲법인의 다음의 부가가치세 신고자료를 기초로 ×5년 제1기 확정신고기간(4. 1. ~ 6. 30.)의 매출세액을 계산하시오.

1. 4. 1. ~ 6. 30.의 제품매출액(공급가액) 내역

① 국내매출액 300,000,000원
② 직수출액 200,000,000원

2. 대손과 관련된 자료

① 4. 1. ~ 6. 30.에 확정된 대손의 내역은 다음과 같다.

대손금액*	공 급 일	대 손 사 유	대손확정일
₩33,000,000	×2년. 9. 10.	법에 따른 소멸시효 완성	×5년. 6. 15.

* 부가가치세가 포함된 금액이다.

② ×5년. 6. 10.에 거래처인 甲사로부터 매출채권 22,000,000원(부가가치세가 포함된 금액)을 회수하였는데, 그 금액은 ×4년 제2기에 적법하게 대손세액공제를 받은 금액이다.

3. ×5년 제1기 예정신고시 누락한 15,000,000원의 제품 국내 매출액(공급가액)을 확정신고시 신고하려고 한다.

해답

• 매출세액

구 분	과세표준	세 율	세 액
일 반 과 세	300,000,000	10%	30,000,000
영 세 율	200,000,000	0%	0
예정신고누락분	15,000,000	10%	1,500,000
대손세액가감			△1,000,000*
매 출 세 액			30,500,000

* 대손세액가감액

① 대손세액공제액 : 33,000,000 × $\frac{10}{110}$ = △3,000,000

② 대손세액가산액 : 22,000,000 × $\frac{10}{110}$ = 2,000,000*

△1,000,000

* 대손세액공제를 받은 후 회수하는 경우 그 대손세액을 회수일이 속하는 과세기간의 매출세액에 가산한다.

제 8 장

매입세액과 차감납부세액의 계산

1절 매입세액의 계산

I 매입세액의 계산

매출세액에서 차감하는 매입세액의 계산구조는 다음과 같다.

	1.	세금계산서수령분 매입세액*
		① 일반매입
		② 고정자산매입
(+)	2.	예정신고누락분
(+)	3.	매입자발행 세금계산서 매입세액
(+)	4.	그밖의 공제매입세액
		합계
(−)	5.	공제받지 못할 매입세액
		매입세액공제액

* 세금계산서를 수령한 매입세액을 모두 "1"에 적은 후, 그 중 공제받지 못할 매입세액을 "5"에 적어서 뺀다.

1. 세금계산서 수령분 매입세액

세금계산서 수령분 매입세액이란 수령한 세금계산서에 의하여 확인되는 매입세액을 말한다. 이러한 매입세액은 사업을 위하여 사용한 것은 물론 앞으로 사용할 것에 대한 매입세액도 공급받는 시기(수입의 경우는 수입시기)가 속하는 과세기간의 매출세액에서 공제한다.

2. 예정신고누락분

예정신고할 때 누락한 매입세액은 확정신고할 때 신고하여 매입세액공제를 받을 수 있다.

3. 매입자발행 세금계산서에 따른 매입세액

공급하는 자가 세금계산서를 발급하지 아니한 경우 공급받는 자가 세무서장의 확인을 거쳐 발급한 매입자발행 세금계산서에 기재된 부가가치세액도 공제받을 수 있는 매입세액으로 본다.

4. 그 밖의 공제매입세액

4.1 신용카드매출전표 등 수령명세서 제출분 매입세액

(1) 개 요

영수증을 발급받은 매입세액은 매출세액에서 공제하지 않는 것이 원칙이다. 다만, 사업자로부터 재화·용역을 공급받고 부가가치세액이 별도로 구분되는 신용카드매출전표, 현금영수증발급장치에 의한 현금영수증 등 적격증빙을 발급받고 신용카드매출전표 등 수령명세서를 제출 경우에는 공제할 수 있는 매입세액으로 본다.

(2) 배제대상

다음의 것은 부가가치세액이 별도로 구분가능한 신용카드매출전표 등을 발급받더라도 매입세액을 공제할 수 없다.

① 세금계산서발급금지업종*을 경영하는 사업자로부터 발급받은 것

② 간이과세자가 영수증을 발급하여야 하는 기간에 발급한 신용카드매출전표 등

* 여기서 '세금계산서발급금지업종'이란 여객운송업(전세버스운송사업은 제외), 입장권을 발행하여 경영하는 사업, 부가가치세가 과세되는 진료용역을 공급하는 사업, 미용·욕탕 및 유사서비스업, 부가가치세가 과세되는 수의사가 제공하는 동물진료용역, 부가가치세가 과세되는 무도학원·자동차운전학원 사업을 말한다.

4.2 의제매입세액공제

(1) 개 요

의제매입세액공제란 구입할 때 실제로 부담한 부가가치세는 없지만 법령에 정한 금액을 매입세액으로 의제하여 매출세액에서 공제하는 제도를 말한다.

이 제도는 과세사업자가 면세로 농·축·수·임산물 및 소금 등을 공급받아 이를 제조·가공하여 과세사업에 사용하는 경우에 적용한다.

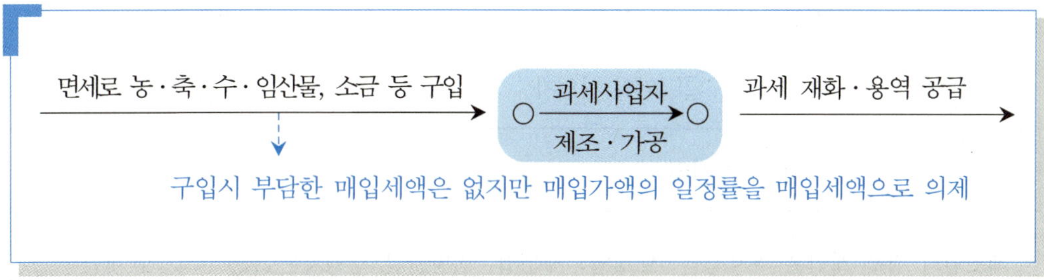

(2) 의제매입세액의 계산

- 의제매입세액 : min(①, ②) × 공제율
  - ① 면세농산물 등 공제대상 매입가액
  - ② 한도 : 해당 과세기간의 과세표준 × 한도율

1) 면세농산물 등 공제대상 매입가액

구 분	매 입 가 액
국내에서 구입하는 경우	운임 등의 부수비용을 제외한 매입원가
수입하는 경우	관세의 과세가격

2) 공제율

<table>
<tr><th colspan="3">구 분</th><th>공 제 율</th></tr>
<tr><td rowspan="3">음식점업</td><td colspan="2">과세유흥장소 경영자</td><td>$\frac{2}{102}$</td></tr>
<tr><td rowspan="2">위 외의 음식점업자</td><td>법 인</td><td>$\frac{6}{106}$</td></tr>
<tr><td>개 인</td><td>$\frac{8}{108}$(과세표준 2억원 이하인 경우 2026. 12. 31.까지는 $\frac{9}{109}$)</td></tr>
<tr><td rowspan="3">제조업*</td><td colspan="2">① 과자점업, 도정업, 제분업 및 떡류 제조업 중 떡방앗간 경영 개인사업자</td><td>$\frac{6}{106}$</td></tr>
<tr><td colspan="2">② 위 "①" 외의 제조업자 중 중소기업 및 개인사업자</td><td>$\frac{4}{104}$</td></tr>
<tr><td colspan="2">③ 위 "①" 및 "②" 외의 사업자</td><td>$\frac{2}{102}$</td></tr>
<tr><td colspan="3">위 외의 사업</td><td>$\frac{2}{102}$</td></tr>
</table>

* 제조업의 경우 개인은 과자점업 · 도정업 · 제분업 · 떡방앗간 경영자는 $\frac{6}{106}$, 그 외 개인은 $\frac{4}{104}$를 적용하며, 법인은 중소기업이면 $\frac{4}{104}$, 중소기업이 아니면 $\frac{2}{102}$를 적용한다.

3) 한도율 ⇢ 예정신고시에는 한도계산하지 않으며, 확정신고시 한도계산하여 정산함

① 2025. 12. 31.까지

<table>
<tr><th colspan="2" rowspan="2">해당 과세기간의 과세표준*</th><th colspan="2">한 도 율</th></tr>
<tr><th>음식점업</th><th>기타 업종</th></tr>
<tr><td rowspan="3">개 인</td><td>1억원 이하인 경우</td><td>75%</td><td rowspan="2">65%</td></tr>
<tr><td>1억원 초과 2억원 이하인 경우</td><td>70%</td></tr>
<tr><td>2억원 초과인 경우</td><td>60%</td><td>55%</td></tr>
<tr><td colspan="2">법 인</td><td colspan="2">50%</td></tr>
</table>

* 여기서 해당 과세기간의 과세표준이란 해당 사업자가 공급하는 면세농산물등과 관련된 사업의 과세표준을 말함 ⇢ ∴ 기계 등 고정자산 공급가액 등은 제외함

② 2026. 1. 1. 이후

<table>
<tr><th colspan="2">해당 과세기간의 과세표준</th><th>한 도 율</th></tr>
<tr><td rowspan="2">개 인
(업종 불문)</td><td>2억원 이하인 경우</td><td>50%</td></tr>
<tr><td>2억원 초과인 경우</td><td>40%</td></tr>
<tr><td colspan="2">법 인</td><td>30%</td></tr>
</table>

예제 의제매입세액공제

과일통조림 제조업자인 법인의 다음 자료를 기초로 ×1년 제1기 과세기간의 의제매입세액공제액을 계산하시오.

1. 제1기 과세표준 : 100,000,000원(통조림 매출액)
2. 제1기 중 통조림제조 목적의 과일 구입액은 20,800,000원이며, 이 중 5,000,000원은 제1기말 현재 기말재고로 남아 있다.
3. 의제매입세액공제율은 4/104이고, 한도율은 40%라고 가정한다.

해답

• 의제매입세액공제액 : $\min(①, ②) \times \frac{4}{104} = 800{,}000$

① 20,800,000*

② 100,000,000 × 40% = 40,000,000

* 의제매입세액공제는 구입일 속하는 과세기간에 하므로 과세사업자의 경우 기말재고로 남아 있는 것도 공제대상이다.

5. 공제받지 못할 매입세액

다음의 매입세액은 매출세액에서 공제하지 아니한다.

(1) 매입처별세금계산서합계표의 미제출 또는 부실기재분

매입처별세금계산서합계표를 제출하지 아니하거나 제출한 합계표의 기재사항 중 거래처별 등록번호와 공급가액의 전부 또는 일부가 적히지 아니하였거나 사실과 다르게 적힌 경우 그 기재사항이 적히지 아니한 부분 또는 사실과 다르게 적힌 부분의 매입세액은 공제하지 아니한다. 다만, 법령에 정한 경우 매입세액을 공제하는 예외가 있다.

(2) 세금계산서의 미수령 또는 부실기재분

세금계산서 또는 수입세금계산서를 발급받지 아니한 경우 또는 발급받은 세금계산서 또는 수입세금계산서에 필요적 기재사항의 전부 또는 일부가 적히지 아니하였거나 사실과 다르게 적힌 경우의 매입세액은 공제하지 아니한다. 다만, 법령에 정한 경우에는 매입세액을 공제하는 예외가 있다.

(3) 사업과 직접 관련없는 매입세액

사업과 직접 관련이 없는 지출에 대한 매입세액은 공제하지 아니한다.

(4) 비영업용 소형승용자동차의 구입과 임차 및 유지에 관한 매입세액

개별소비세 과세대상 소형승용자동차*의 구입과 임차 및 유지에 관한 매입세액은 공제하지 아니한다. 다만, 운수업, 자동차 판매업, 자동차 임대업, 운전학원업 및 이와 유사한 업종에 직접 영업으로 사용되는 자동차, 기계경비업의 출동차량에 대한 매입세액은 공제한다.

* 개별소비세 과세대상 소형승용자동차란 정원 8명 이하의 승용자동차(배기량이 1,000cc 이하의 것으로서 길이가 3.6m 이하이고 폭이 1.6m 이하인 것은 제외) 등 법에 정한 것을 말한다.

사 례

	매입세액 공제여부
• 삼성전자가 관리과 업무용으로 구입한 소나타 → 비영업용 ⊕ 소형승용차 :	×
• 현대자동차가 직원출퇴근용으로 구입한 소나타 → 비영업용 ⊕ 소형승용차 :	×
• 현대자동차가 직원출퇴근용으로 구입한 버스 → 비영업용 ⊕ ~~소형승용차~~ :	○

(5) 기업업무추진비 관련 매입세액

기업업무추진비 및 이와 유사한 비용의 지출과 관련된 매입세액은 공제하지 아니한다.

(6) 면세사업등 관련 매입세액

면세사업등에 관련된 매입세액은 공제하지 아니한다.

(7) 토지에 관련된 매입세액

토지의 조성 등을 위한 자본적 지출에 관련된 매입세액으로서 다음 중 어느 하나에 해당하는 매입세액은 공제하지 아니한다.

① 토지의 취득 및 형질변경, 공장부지 및 택지의 조성 등에 관련된 매입세액

② 건축물이 있는 토지를 취득하여 그 건축물을 철거하고 토지만을 사용하는 경우에는 철거한 건축물의 취득 및 철거비용에 관련된 매입세액

③ 토지의 가치를 현실적으로 증가시켜 토지의 취득원가를 구성하는 비용에 관련된 매입세액

사 례 위 "②"의 사례 : 토지만을 사용하기 위하여 토지 300, 건물 1,000에 구입하고 철거비 50을 지출한 경우 매입세액공제 여부

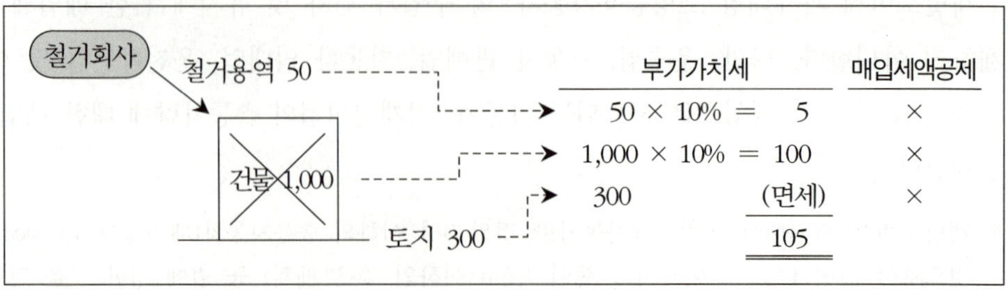

(8) 등록 전 매입세액

사업자등록을 신청하기 전의 매입세액은 공제하지 아니한다. 다만, 공급시기가 속하는 과세기간이 끝난 후 20일 이내에 등록신청한 경우 등록신청일부터 공급시기가 속하는 과세기간 기산일*까지 역산한 기간 이내의 매입세액은 공제한다.

* 여기서 "과세기간기산일"이란 일반과세자의 경우 제1기는 1월 1일, 제2기는 7월 1일을 말하며, 간이과세자의 경우 1월 1일을 말한다.

사 례 사업개시일이 ×1년 3. 1.이고 사업자등록신청일이 ×1년 7. 20.인 경우 ×1년 1. 1.부터 7. 20.까지의 매입세액은 공제가능하다.

예제 매입세액공제액의 계산구조

다음은 과세 피혁제품제조업을 영위하는 법인의 ×1년 제1기 확정신고기간(4. 1. ~ 6. 30.) 중 공급받은 재화 및 용역의 내역이다. 제1기 확정신고기간의 확정신고서에 기재될 매입세액공제액을 계산하시오.

1. 세금계산서 수령분 구입 내역

(단위 : 원)

일 자	내 역	매 입 가 액	매 입 세 액
4. 12.	원재료 구입	50,000,000	5,000,000
4. 18.	신문광고비 지급	4,000,000	400,000
5. 6.	기계 구입*	6,000,000	600,000
5. 7.	사무실임차료 지급	5,000,000	500,000
5. 19.	거래처 증정용 상품 구입	4,800,000	480,000
5. 21.	업무용 소형승용차 구입(경리과용)	10,000,000	1,000,000
6. 1.	전력비 지급	1,300,000	130,000
6. 15.	대표자 개인용도 별장 구입	40,000,000	4,000,000
	계	121,100,000	12,110,000

* 기계구입과 관련하여 수취한 세금계산서에 공급한 사업자의 사업자등록번호 및 상호 등이 기재되지 아니하였다.

2. 영수증 수령분 : 5월 10일에 사무용품을 330,000원(부가가치세 포함)에 구입하고 부가가치세가 구분가능한 신용카드매출전표를 수취하였다.

해답

구 분	세 액
세금계산서 수령분 매입세액	12,110,000
신용카드매출전표등수령분	30,000*1
합 계	12,140,000
매입세액불공제액	△6,080,000*2
매입세액공제액	6,060,000

*1 330,000(부가가치세 포함) × 10/110 = 30,000

*2 매입세액불공제액

일 자	내 역	매입세액
5. 6.	세금계산서부실기재	600,000
5. 19.	기업업무추진비관련분	480,000
5. 21.	비영업용소형승용차	1,000,000*
6. 15.	사 업 무 관 분	4,000,000
		6,080,000

* 비록 업무용이라도 영업용(운수업, 자동차 판매업, 자동차 임대업, 운전학원업 및 이와 유사한 업종에 직접 영업으로 사용되는 자동차, 기계경비업의 출동차량을 말한다)이 아니므로 공제하지 않는다.

2절 차감납부세액의 계산

부가가치세 차가감납부세액(또는 환급세액)은 다음과 같이 계산한다.

	납 부 세 액
(−)	경 감 · 공 제 세 액 등
(+)	가 산 세
	차 가 감 납 부 세 액*

* 납부세액에서 감면세액 및 공제세액을 빼고 가산세를 더한 세액의 74.7%를 부가가치세로, 25.3%를 지방소비세로 한다.

1. 경감 · 공제세액

(1) 신용카드매출전표등발급세액공제

1) 공제액

법령으로 정하는 영수증발급사업자가 부가가치세가 과세되는 재화 · 용역을 공급하고 공급시기에 신용카드매출전표 등 적격증빙을 발급하거나 전자적 결제수단에 의하여 대금을 결제받는 경우에는 다음 금액을 납부세액에서 공제한다.

- 신용카드매출전표등발급세액공제 : min(①, ②)
  ① 발급금액 또는 결제금액 × 1.3%*1
  ② 한도 : 연간 1,000만원*2

*1 2027년 이후는 1%

*2 2027년 이후는 연간 500만원

2) 공제 배제

법인과 직전 연도의 재화 · 용역의 공급가액 합계액이 사업장을 기준으로 10억원을 초과하는 개인사업자는 신용카드매출전표등발급세액공제를 적용받을 수 없다.

(2) 전자신고에 대한 세액공제

납세자가 직접 전자신고방법에 의하여 부가가치세 확정신고를 하는 경우에는 해당 납부세액에서 1만원을 공제하거나 환급세액에 가산한다.

(3) 택시경감세액

「여객자동차운수사업법」상 일반택시운송사업자에 대하여는 2026년 12월 31일까지 종료하는 과세기간분까지 부가가치세 납부세액의 99%를 경감한다. 이러한 경감세액은 법에 정한 용도에 사용하여야 한다.

(4) 전자세금계산서 발급 · 전송에 대한 세액공제(적용기한 : 2027. 12. 31.)

직전연도의 사업장별 재화 · 용역의 공급가액(면세공급가액 포함)의 합계액이 3억원 미만인 개인사업자(해당 연도에 신규로 사업을 개시한 개인사업자 포함)가 전자세금계산서를 발급일의 다음 날까지 국세청장에게 전송하는 경우 발급건수당 200원을 곱하여 계산한 금액의 합계액(연간 100만원 한도)을 세액공제한다.

2. 가산세

'가산세'란 세법에서 규정하는 의무의 성실한 이행을 확보하기 위하여 그 세법에 따라 산출된 세액에 가산하여 징수하는 금액을 말한다. 부가가치세 계산과 관련된 가산세는 다음과 같다.

(1) 국세기본법

무신고가산세, 과소신고 · 초과환급신고가산세, 납부지연가산세 등 국세의 신고 · 납부와 관련된 가산세는 「국세기본법」에서 규정하고 있다.

(2) 부가가치세법

등록불성실가산세, 세금계산서불성실가산세, 매출처별 · 매입처별세금계산서합계표불성실가산세 등 신고 · 납부 외의 의무불이행에 관련된 가산세는 「부가가치세법」에서 규정하고 있다.

제 9 장

간이과세자

I 개 요

간이과세제도란 소규모의 영세사업자의 납세편의를 위하여 간편한 방법으로 납세의무를 이행할 수 있는 제도이다.

간이과세자도 'p43. 2'의 경우를 제외하고는 세금계산서를 발급하는 것이 원칙이며, 일반과세자와는 다른 간단한 계산방식에 따라 납부세액을 계산한다.

II 간이과세자의 적용 범위

1. 간이과세자 적용기준

간이과세자란 직전 연도의 재화와 용역에 대한 "공급대가가 1억4백만원에 미달하는 개인사업자"를 말한다. 따라서 법인과 공급대가가 1억4백만원 이상인 개인사업자는 간이과세자가 될 수 없다.

2. 간이과세 배제 사업자

다음 중 어느 하나에 해당하는 사업자는 간이과세자가 될 수 없다.

(1) 간이과세가 적용되지 않는 다른 사업장을 보유하고 있는 사업자

개인사업자가 둘 이상의 사업장을 보유하는 경우에 일반과세를 적용받는 사업장이 있으면 간이과세를 적용받을 수 없고 일반과세를 적용한다.

다만, 개인택시운송업, 용달 및 개별 화물자동차운송업, 그 밖의 도로화물운송업, 이용업, 미용업, 그 밖에 이와 유사한 것으로서 법에 장한 사업에 대하여는 해당 사업장이 간이과세에 해당되는 경우에는 다른 사업장과 무관하게 간이과세를 적용한다.

(2) 법에서 정하는 업종을 경영하는 사업자

간이과세자가 될 수 없는 주요 업종은 다음과 같다.

① 광 업

② 제조업. 다만, 주로 최종소비자에게 직접 재화를 공급하는 사업으로서 과자점업 · 도정업과 제분업 및 떡방앗간 · 양복점업 · 양장점업 · 양화점업 그밖에 자기가 공급하는 재화의 50% 이상을 최종소비자에게 공급하는 사업으로서 국세청장이 정하는 사업은 간이과세를 적용받을 수 있다.

③ 도매업(소매업을 겸영하는 경우를 포함하되, 재생용 재료수집 및 판매업을 제외한다)

④ 부동산매매업

⑤ 「개별소비세법에 따른 과세유흥장소를 경영하는 사업으로서 기획재정부령이 정하는 것

⑥ 부동산임대업으로서 기획재정부령으로 정하는 것

⑦ 변호사, 공인회계사, 세무사 등 법에 정한 전문자격사업

⑧ 일반과세자로부터 포괄적으로 양수한 사업. 다만, 간이과세 배제대상에 해당하지 아니한 경우로서 사업을 양수한 이후 공급대가의 합계액이 1억4백만원에 미달하는 경우에는 간이과세자가 될 수 있다.

⑨ 사업장의 소재지역, 사업의 종류 · 규모 등을 고려하여 국세청장이 정하는 기준에 해당하는 것

⑩ 전전년도 기준 복식부기의무자가 경영하는 사업

⑪ 부동산임대업 또는 과세유흥장소를 경영하는 사업자로서 해당 업종의 직전 연도의 공급대가의 합계액이 4천800만원 이상인 사업자

⑫ 둘 이상의 사업장이 있는 사업자로서 그 둘 이상의 사업장의 직전 연도의 공급대가의 합계액이 1억4백만원 이상인 사업자. 단, 부동산임대업 또는 과세유흥장소에 해당하는 사업장을 둘 이상 경영하고 있는 사업자의 경우 그 둘 이상의 사업장의 직전 연도의 공급대가(하나의 사업장에서 둘 이상의 사업을 겸영하는 사업자의 경우 부동산임대업 또는 과세유흥장소의 공급대가만을 말한다)의 합계액이 4천800만원 이상인 사업자로 한다.

⑬ 그 밖에 법령으로 정하는 사업자

Ⅲ 과세유형의 변경

1. 개 념

개인사업자의 직전 연도의 공급대가가 1억4백만원 이상이 되면 간이과세자는 일반과세자로 전환되며, 반대로 직전 연도의 공급대가가 1억4백만원에 미달하게 되면 일반과세자는 간이과세자로 전환된다. 이를 과세유형의 변경이라 한다.

2. 과세유형의 변경시기

간이과세자에 관한 규정이 적용되거나 적용되지 아니하게 되는 기간은 1역년(歷年)의 공급대가가 1억4백만원에 미달되거나 그 이상이 되는 해의 "다음 해의 7월 1일부터 그 다음 해의 6월 30일까지로" 한다.

사례 일반과세자의 ×1년 공급대가가 1억4백만원 미만이 된 경우 간이과세자로 과세유형이 전환되는 시기는 ×2년. 7. 1. ~ ×3년. 6. 30.

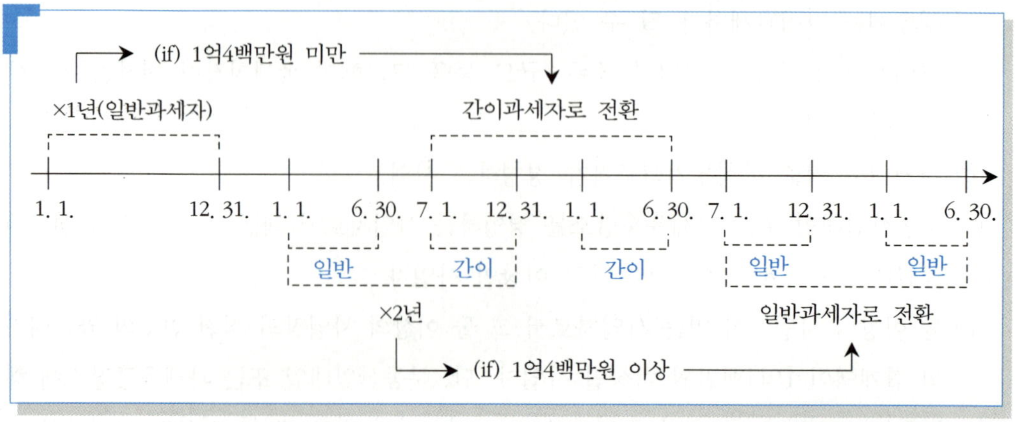

Ⅳ 간이과세자의 부가가치세 계산구조

납 부 세 액
(+) 재 고 납 부 세 액
(−) 공 제 세 액
(−) 예 정 부 과 (신 고) 세 액
(−) 수 시 부 과 세 액
(+) 가 산 세

차 가 감 납 부 세 액*

* 납부세액에서 감면세액 및 공제세액을 빼고 가산세를 더한 세액의 74.7%를 부가가치세로, 25.3%를 지방소비세로 한다.

1. 납부세액

납부세액 = 과세표준 × 업종별 부가가치율 × 10%

(1) 과세표준

일반과세자의 과세표준은 공급가액이나, 간이과세자의 과세표준은 해당 과세기간의 공급대가이다.

(2) 업종별 부가가치율

업종별 부가가치율이란 직전 3년간 신고된 업종별 평균 부가가치율 등을 고려하여 5%에서 50% 범위에서 업종별로 대통령령으로 정하는 다음의 부가가치율을 말한다.

① 소매업, 재생용 재료수집 및 판매업, 음식점업 : 15%
② 제조업, 농업 · 임업 및 어업, 소화물 전문 운송업 : 20%
③ 숙박업 : 25%
④ 건설업, 운수 및 창고업(소화물 전문 운송업은 제외한다), 정보통신업 : 30%
⑤ 금융 및 보험 관련 서비스업, 전문 · 과학 및 기술서비스업(인물사진 및 행사용 영상 촬영업은 제외한다), 사업시설관리 · 사업지원 및 임대서비스업, 부동산 관련 서비스업, 부동산임대업 : 40%
⑥ 그 밖의 서비스업 : 30%

(3) 납부의무의 면제

간이과세자의 해당 과세기간에 대한 공급대가가 4,800만원 미만인 경우에는 납부세액을 납부할 의무를 면제한다. 다만, 재고납부세액의 납부의무는 면제하지 아니한다.

2. 재고납부세액

이 내용은 세법개론에서 설명하기로 한다.

3. 공제세액

다음의 공제세액을 납부세액에서 차감한다. 이 경우 공제세액의 합계액이 각 과세기간의 납부세액(재고납부세액 포함)을 초과하는 경우에는 그 초과하는 부분은 없는 것으로 본다. → 즉, 초과부분을 환급하지 않음

(1) 매입세금계산서등 수취세액공제(매입세액공제)

간이과세자가 매입처별세금계산서합계표 또는 신용카드매출전표등수령명세서를 납세지 관할세무서장에게 제출하는 경우에는 다음의 금액을 납부세액에서 공제한다. 다만, 매입세액불공제대상 매입세액은 공제하지 않는다.

세액공제 = 매입가액(공급대가) × 0.5%

(2) 의제매입세액공제

음식점업과 제조업을 운영하는 간이과세자의 경우 2021. 7. 1. 전에 공급받은 면세농산물 등에 대해서 의제매입세액공제를 적용할 수 있으나, 2021. 7. 1. 이후 공급받는 분부터는 의제매입세액공제를 적용할 수 없다.

(3) 전자신고세액공제

납세자가 직접 전자신고방법에 의하여 부가가치세 확정신고를 하는 경우에는 해당 납부세액에서 1만원을 공제한다.

(4) 신용카드매출전표등발급세액공제

'p69. (1)' 내용 참고

(5) 전자세금계산서 발급 · 전송에 대한 세액공제

① 적용대상 : 간이과세자('p43. (2). ①, ②' 중 어느 하나에 해당하는 간이과세자는 제외)가 전자세금계산서를 발급하고 그 발급명세를 발급일의 다음 날까지 국세청장에게 전송하는 경우(적용기한 : 2027. 12. 31.)

② 세액공제액 : min(㉠, ㉡)

㉠ 발급건수 × 200원

㉡ 한도 : 연간 100만원

4. 예정고지(신고)세액

예정부과로 징수한 세액 및 예정부과기간분에 대하여 신고납부한 세액은 확정신고·납부할 때 공제한다.

예제 간이과세자의 부가가치세계산

다음 자료를 기초로 각 경우별로 간이과세자 甲씨의 ×1년 과세기간의 지방소비세 차감 전 부가가치세 차감납부세액을 계산하시오(甲씨는 직접 전자신고방법으로 신고한다).

① ×1년의 공급대가 : 60,000,000원(이 중 10,000,000원은 신용카드 매출전표를 발급하였다)

② 세금계산서 등에 의하여 입증되는 매입가액(공급대가) : 20,000,000원

③ 신용카드매출전표등발급세액공제율은 1.3%라고 가정한다.

〈경우 1〉 甲이 숙박업을 영위하는 경우. 다만, 부가가치율은 25%이라고 가정한다.

〈경우 2〉 甲이 음식점업을 영위하는 경우. 다만, 부가가치율은 15%라고 가정한다.

해답

구 분	숙박업		음식점업	
납부세액	(60,000,000×25%×10%)	1,500,000	(60,000,000×15%×10%)	900,000
매입세금계산서등세액공제	(20,000,000×0.5%)	△100,000	(20,000,000×0.5%)	△100,000
전자신고세액공제		△10,000		△10,000
신용카드매출전표등발급세액공제	(10,000,000×1.3%)	△130,000	(10,000,000×1.3%)	△130,000
차감납부세액		1,260,000		660,000

제 3 편
소득세법

제 1 장 총 설

I 개 요

1. 의 의

소득세란 개인이 얻은 소득을 과세대상으로 하는 조세이다.

2. 과세대상 소득

개인의 소득을 다음과 같이 종합소득 · 퇴직소득 · 양도소득으로 구분하여 과세한다.

구 분			계 산 방 식
종합소득	① 이자소득 ③ 사업소득 ⑤ 연금소득	② 배당소득 ④ 근로소득 ⑥ 기타소득	'①' ~ '⑥'의 소득을 종합소득세 계산구조에 포함(분리과세소득은 제외)
퇴직소득	퇴직으로 인한 소득		별도의 퇴직소득세 계산구조에 포함*
양도소득	열거된 자산의 양도소득		별도의 양도소득세 계산구조에 포함*

* 이와 같이 퇴직소득과 양도소득을 종합소득에 합산하지 않고 별도로 계산하는 것을 분류과세라 한다.

3. 소득세 신고

종합소득 · 퇴직소득 · 양도소득이 있는 거주자는 1월 1일부터 12월 31일까지의 소득을 다음 연도 5월 1일부터 5월 31일(성실신고확인대상 사업자가 성실신고확인서를 제출하는 경우에는 6월 30일)까지 신고하여야 한다.

Ⅱ 소득세의 과세방식

1. 과세소득의 범위 및 규정방식

(1) 소득원천설을 원칙으로 순자산증가설을 일부 채택

구 분	내 용
원 칙 : 소득원천설	일정한 재산 · 사업 등의 원천에서 계속적 · 경상적으로 발생하는 소득만을 과세대상소득으로 한다. 사업소득은 원칙적으로 소득원천설을 채택하고 있다.
예 외 : 순자산증가설	기타소득 · 퇴직소득 · 양도소득 등의 경우는 계속적 · 경상적이 아닌 일시적인 소득이지만 과세대상 소득으로 열거하여 과세하고 있다.

(2) 열거주의와 유형별 포괄주의 과세방식의 채택

법령에 열거된 소득에 대하여만 과세하는 열거주의 과세방식을 채택하고 있다. 다만, 이자소득 · 배당소득 · 사업소득에 대하여는 포괄주의 과세방식*을 채택하고 있다.

* 포괄주의 과세방식 : 법에 열거된 소득은 과세대상소득의 예시에 불과할 뿐 원칙적으로 모든 소득을 과세대상으로 하되, 법에 별도로 과세소득이 아니라고 규정된 것만 제외하는 방식

취 지 이자소득 · 배당소득 · 사업소득에 대하여 포괄주의를 채택하고 있는 취지 : 사회발전에 따른 신종소득을 법 개정 없이 탄력적으로 포착하기 위하여 법령에 열거되지 않은 경우에도 유사한 소득은 동일하게 과세할 수 있도록 함

2. 과세방법

소득의 종류에 관계없이 모든 소득을 하나의 계산구조에 종합하여 계산하는 종합과세방법을 원칙으로 하되, 다음과 같은 예외가 있다. → *불완전한 종합과세*

종합과세의 예외	내 용
분 리 과 세	소득의 지급자가 소득을 지급하면서 소득세를 원천징수하면 소득세 과세가 종결되는 과세방법으로, 그 소득을 지급받는 자의 종합소득세 계산구조에 다시 포함시키지 않는다는 의미에서 "분리과세"라 한다.
분 류 과 세	퇴직소득 · 양도소득은 이를 종합소득에 합산하지 않고 각 소득별로 별도의 계산구조하에서 개별적으로 과세하도록 하고 있다. 이를 "분류과세"라 한다.

취 지 퇴직소득 · 양도소득을 분류과세하는 취지 : 퇴직소득 · 양도소득은 장기간에 미실현된 소득이 일시에 실현된다는 특징이 있다. 따라서 이러한 소득을 종합소득에 합산하여 과세하게 되면 누진세율의 적용으로 각 연도마다 과세할 때에 비해 세부담이 증가하게 되는 "결집효과"가 발생한다. 이를 경감조정하기 위하여 별도로 분류과세한다.

Ⅲ 납세의무자

개인을 거주자와 비거주자로 구분하여 납세의무 범위에 차이를 두고 있다.

구 분	의 의	납세의무 범위
① 거 주 자	국내에 주소나 183일 이상 거소*1를 둔 개인*2	국내원천소득은 물론 국외원천소득을 포함한 모든 소득에 대해서 소득세 납세의무를 진다. → *무제한 납세의무*
② 비거주자	거주자가 아닌 개인	국내원천소득에 대해서만 소득세 납세의무를 진다. → *제한 납세의무*

*1 ① 여기서 거소(居所)란 주소지 외의 장소 중 상당기간에 걸쳐 거주하는 장소로서 주소와 같이 밀접한 일반적인 생활관계가 형성되지 아니한 장소를 말한다.

② 국내에 거소를 둔 기간이 1과세기간에 걸쳐 183일 이상인 경우에는 국내에 183일 이상 거소를 둔 것으로 본다. → 2026년부터는 2과세기간에 걸쳐 계속하여 183일 이상인 경우에도 국내에 183일 이상 거소를 둔 것으로 본다.

*2 거주자의 판정은 국적과는 무관하므로 외국인도 국내에 주소를 두거나 183일 이상 거소를 둔 경우에는 거주자가 될 수 있다.

Ⅳ 과세기간

소득세의 과세기간은 다음과 같다.

구 분		과 세 기 간
원 칙		1월 1일부터 12월 31일까지
예 외	① 거주자가 사망한 경우	1월 1일부터 사망한 날까지
	② 거주자가 주소 또는 거소를 국외로 이전(이하 "출국" 이라 한다)하여 비거주자가 되는 경우	1월 1일부터 출국한 날까지

Ⅴ 납세지와 과세관할

1. 납세지

납세지란 소득세를 관할하는 관할세무서를 결정하는 기준이 되는 장소를 말한다.

구 분	납 세 지
거 주 자	① 원 칙 : 주소지 ② 주소지가 없는 경우 : 거소지
비 거 주 자	① 원 칙 : 국내사업장의 소재지 ② 국내사업장이 없는 경우 : 국내원천소득이 발생하는 장소

2. 과세관할

소득세는 납세지를 관할하는 세무서장 또는 지방국세청장이 과세한다.

제 2 장

종합소득세

1절 계산구조 및 원천징수

I. 종합소득세 계산구조

	총 수 입 금 액
(−)	필 요 경 비
	종합소득금액*
(−)	종합소득공제
	과 세 표 준
(×)	세 율
	산 출 세 액
(−)	세액감면 · 공제
	결 정 세 액
(+)	가 산 세
	총 결 정 세 액
(−)	기 납 부 세 액
	자진납부세액

* 종합소득금액 ← 이자소득금액 ⊕ 배당소득금액 ⊕ 사업소득금액 ⊕ 근로소득금액 ⊕ 연금소득금액 ⊕ 기타소득금액

* 종합소득금액은 다음과 같이 일단 개별 소득별로 각각의 소득금액을 계산한 후 그 개별 소득금액을 합계하는 방식으로 계산한다.

이자소득	배당소득	사업소득	근로소득	연금소득	기타소득
총수입금액	총수입금액	총수입금액	총급여	총연금	총수입금액
	(+)Gross-up				
−	−	필요경비	근로소득공제	연금소득공제	필요경비
소득금액 (+)	소득금액 (+)	소득금액 (+)	소득금액 (+)	소득금액 (+)	소득금액

Ⅱ 원천징수

1. 개 념

'원천징수'란 원천징수의무자(소득의 지급자)가 소득을 받는 자에게 그 소득을 지급하는 시점에 그 소득과 관련된 세금을 원천적으로 징수하여 다음 달 10일까지 관할세무서에 납부하는 제도를 말한다.

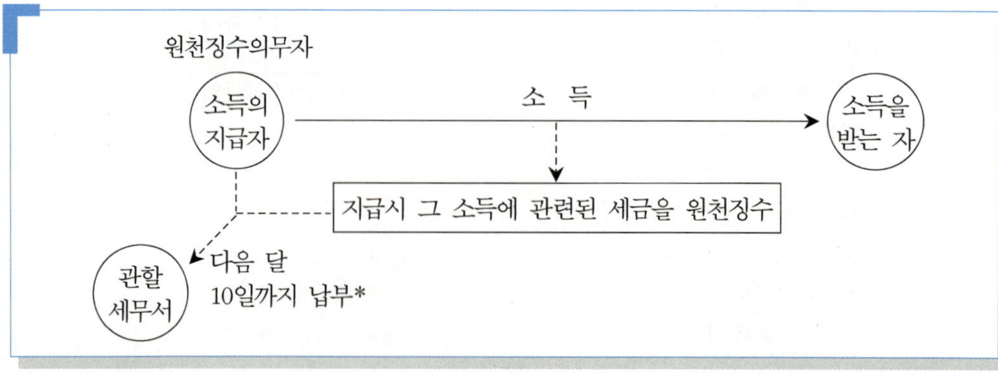

* 원천징수의무자가 그 원천징수세액을 다음 달 10일까지 관할세무서에 납부하지 아니한 경우에는 원천징수불성실가산세를 부과한다.

2. 원천징수의 유형

구 분	내 용
완납적 원천징수 (분리과세)	• 소득의 지급자가 소득지급시 원천징수함으로써 과세가 종결되는 방식 • 소득을 받는 자의 입장에서는 완납적 원천징수대상소득에 대하여 따로 신고·납부할 필요가 없음*1
예납적 원천징수 (종합과세)	• 원천징수로 과세가 종결되지 않고 따로 정산과정을 거쳐야만 되는 방식 • 소득을 받는 자의 입장에서는 원천징수된 소득이라도 종합소득세 확정신고시 총수입금액에 포함하여 산출세액을 계산한 후 이미 원천징수된 세액을 기납부세액으로 공제하는 정산절차를 거침*2

*1 이와 같이 원천징수된 소득을 다시 종합소득세 계산구조에 포함시킬 필요가 없다는 의미에서 완납적 원천징수대상소득을 "분리과세대상소득"이라고도 한다.

*2 이와 같이 원천징수된 소득을 종합소득세 계산구조에 다시 포함시킨다는 의미에서 예납적 원천징수대상소득을 "종합과세대상소득"이라고도 한다.

사 례

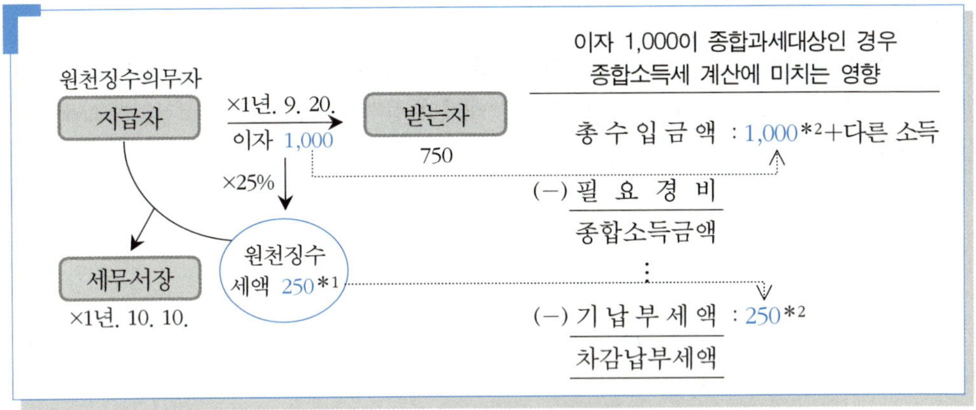

*1 지급자가 지급시 원천징수하여 다음 달 10일까지 세무서에 신고·납부한다.

*2 총액 1,000을 총수입금액에 가산하여 세액 계산 후, 이미 원천징수당한 세액은 기납부세액으로 차감하여 정산한다.

2절 이자소득 및 배당소득 … 금융소득

I. 이자소득

1. 이자소득의 범위

(1) 각종 채권 · 증권의 이자와 할인액
(2) 각종 예금의 이자(상호신용계 · 신용부금으로 인한 이익 포함)
(3) 채권 · 증권의 환매조건부 매매차익
(4) 법에 정한 저축성 보험의 보험차익
(5) 직장공제회 초과반환금
(6) 비영업대금의 이익
(7) 소기업 · 소상공인 공제부금에서 발생하는 소득 중 법령으로 정한 요건을 충족한 것
(8) 위와 유사한 소득으로서 금전사용에 따른 대가의 성격이 있는 것 → 포괄주의 과세방식
(9) 파생금융상품 이자

(1) 채권 · 증권의 환매조건부 매매차익

개인의 채권의 매매차익에 대하여는 소득세를 과세하지 않는 것이 원칙이나, 환매조건부 채권의 매매차익은 이자소득으로 과세한다. 그 실질이 확정 이자와 같기 때문이다.

사례 12. 31.에 100에 환매하는 조건으로 발행한 채권을 내가 80에 구입한 경우

- 12. 31. 환매시 나의 매매차익 : 100 − 80 = 20 ┬ 외관 : 매매차익 ┐ ⋯→ ∴ 이자소득으로 과세
  └ 실질 : 확정이자 ┘

(2) 법에 정한 저축성 보험의 보험차익

개인에게 발생한 보험차익에 대해서는 다음과 같이 과세한다.

<table>
<tr><th colspan="2">구 분</th><th>보험차익의 과세여부</th></tr>
<tr><td rowspan="3">보장성 보험</td><td>피보험자의 사망 · 질병 · 부상 그 밖에 신체상의 상해로 인하여 받는 보험</td><td>과세하지 않음</td></tr>
<tr><td rowspan="2">자산의 멸실 또는 손괴로 인하여 받는 보험</td><td>① 사업용자산의 소실로 인한 경우
: 사업소득으로 과세</td></tr>
<tr><td>② 위 외의 경우 : 과세하지 않음</td></tr>
<tr><td rowspan="2">저축성 보험</td><td>계약기간 10년 이상으로서 법령으로 정한 요건을 갖춘 보험</td><td>과세하지 않음</td></tr>
<tr><td>위 외의 보험</td><td>과세함</td></tr>
</table>

(3) 비영업대금(非營業貸金)의 이익

대금(貸金)의 이익이란 타인에게 금전을 빌려주고 그 대가로 받는 이자를 말한다. 이러한 대금의 이익에서 발생한 이자에 대해서는 다음과 같이 과세한다.

① 비영업대금의 이익(사업적이 아닌 금전대여이익) : 이자소득 ⋯→ 사례 : 私債이자
② 대금업의 이익(사업적으로 금전을 대여함으로 인한 이익) : 사업소득

2. 주요 이자소득의 수입시기

구 분		수 입 시 기
채권 등의 이자와 할인액	① 무기명인 것	그 지급을 받은 날
	② 기명인 것	약정에 의한 지급일
예금의 이자	보통예금 · 정기예금 · 적금 또는 부금의 이자	(원칙)실제로 이자를 지급받는 날
	통지예금의 이자	인출일
저축성보험의 보험차익		① 원 칙 : 보험금 또는 환급금의 지급일 ② 기일 전에 해지하는 경우 : 그 해지일
비영업대금의 이익		약정에 의한 이자지급일과 실제 지급일 중 빠른 날

3. 이자소득금액의 계산

종합소득금액에 합산하는 이자소득금액은 다음과 같이 계산한다.

	이자소득 총수입금액	(이자소득−비과세소득−분리과세소득)
(−)	−	(필요경비를 공제하지 아니함)
	이 자 소 득 금 액	

Ⅱ 배당소득

1. 배당소득의 범위

(1) 일반적인 배당 : 내국법인 또는 외국법인으로부터 받는 이익이나 잉여금의 배당 또는 분배금
(2) 인정배당 : 「법인세법」에 따라 배당으로 소득처분된 금액
(3) 의제배당 : 법 규정에 따라 배당으로 의제하는 금액
(4) 국내 또는 국외에서 받는 집합투자기구로부터의 이익
(5) 간주배당
(6) 출자공동사업자 배당 : 공동사업에서 발생한 소득금액 중 경영에 참여하지 않고 출자만 하는 출자공동사업자의 손익분배비율에 해당하는 금액*
(7) 국내·국외에서 받는 법에 정한 파생결합증권·파생결합사채로부터의 이익, 법령으로 정한 조각투자상품으로부터의 이익(2025. 7. 1. 시행)
(8) 위의 소득과 유사한 소득으로서 수익분배의 성격이 있는 것
(9) 파생금융상품 배당

* 출자공동사업자 배당의 이해

제조업을 경영하는 공동사업장(A : B의 손익분배비율은 60% : 40%)에서 생긴 ×1년의 사업소득금액 1억원을 분배하는 경우 소득구분방법

		소득금액	소득구분	받는 자의 수입시기
공동사업장 1억원	A(경영참가사업자)	1억원 × 60% = 60,000,000	사업소득	×1년
	B(출자공동사업자)	1억원 × 40% = 40,000,000	배당소득 (종합과세)	×1년 (과세기간종료일)

2. 주요 배당소득의 수입시기

<table>
<tr><th colspan="2">구 분</th><th>수입시기</th></tr>
<tr><td rowspan="2">일 반 적 인 배 당</td><td>① 잉여금처분에 의한 배당</td><td>잉여금처분결의일</td></tr>
<tr><td>② 무기명주식의 이익이나 배당</td><td>그 지급을 받은 날</td></tr>
<tr><td colspan="2">인 정 배 당</td><td>해당 사업연도의 결산확정일</td></tr>
<tr><td colspan="2">집합투자기구로부터의 이익</td><td rowspan="2">① 원 칙 : 집합투자기구로부터의 이익을 지급받는 날
② 원본에 전입하는 뜻의 특약이 있는 분배금 : 원본전입된 날</td></tr>
<tr><td colspan="2">파생결합증권 · 파생결합사채로부터의 이익</td></tr>
<tr><td colspan="2">출자공동사업자가 받는 손익분배비율에 상당하는 금액</td><td>과세기간 종료일</td></tr>
</table>

3. 배당소득금액의 계산

종합소득금액에 합산하는 배당소득금액은 다음과 같이 계산한다.

	배당소득 총수입금액	(배당소득－비과세소득－분리과세소득)
(+)	Gross－up 금 액	(이중과세조정을 위하여 법인단계에서 부담한 법인세액을 가산함)
(－)	－	(필요경비를 공제하지 아니함)
	배 당 소 득 금 액	

(1) Gross－up금액의 계산방법

Gross－up금액 ＝ 배당소득 총수입금액 × 10%

(2) Gross－up제도의 취지

법인단계에서 이미 법인세가 과세된 소득을 주주에게 배당할 때 그 배당소득에 대하여 주주에게 다시 소득세를 과세하면 동일한 소득에 대한 이중과세문제가 발생하게 된다.

이러한 문제를 조정하기 위하여 Gross-up제도를 두고 있다.

Gross-up제도에 의한 이중과세문제의 조정구조는 다음과 같다.

	배 당 소 득 금 액	← 배당소득 + Gross-up금액(=배당소득 × 10%)*
(+)	위 외의 종합소득금액	
(−)	종 합 소 득 공 제	
	과 세 표 준	
(×)	세 율	
	산 출 세 액	
(−)	세 액 공 제	← 배당세액공제*
	종 합 소 득 세	

* Gross-up금액을 배당소득총수입금액에 가산하여 배당소득금액을 계산한 후, 그 Gross-up금액을 다시 배당세액공제로 산출세액에서 차감한다.

이해

10%의 산출근거

배당금 지급법인의 손익계산서

매 출 액	×××
⋮	⋮
법인세 차감전 순이익	100,000,000
법인세(9% 전제)	△9,000,000
당 기 순 이 익	91,000,000

→ 1인주주인 나에게 전액 배당했다고 가정

→ 법인세가 과세된 소득에 대해 다시 소득세 과세

→ ∴ 이중과세 문제발생

→ 배당 91,000,000을 받기 위해 법인단계에서 부담한 법인세를 계산하기 위한 일반산식 필요

→ 배당소득(91,000,000) × $\frac{9\%}{1-9\%}$ = 9,000,000

→ 약 10%

(3) Gross-up대상이 되는 배당소득

1) Gross-up 적용 요건

다음의 요건을 모두 충족한 배당소득에 대하여만 Gross-up을 적용한다.

[요건 1] 내국법인으로부터 받은 배당일 것

취지 외국법인으로부터 받는 배당은 우리나라에서 법인세가 과세되는 것이 아니기 때문

[요건 2] 법인단계에서 법인세가 과세된 소득을 재원으로 지급받은 배당일 것

취지 이중과세문제가 발생하는 것만을 대상으로 하기 때문

[요건 3] 종합과세대상 배당소득이면서 기본세율적용분일 것

취지 분리과세되는 것은 배당세액공제를 적용할 수 없고, 세부담이 경미하기 때문

2) Gross-up이 적용되지 않는 배당소득

위의 요건을 충족하지 못한 배당소득에 대하여는 Gross-up을 적용하지 아니한다. 대표적인 예로 외국법인으로부터의 배당, 집합투자기구로부터의 이익, 출자공동사업자 배당, 분리과세 배당소득 등을 들 수 있다.

Gross-up이 적용되지 않는 배당소득에 대해서는 세법개론에서 자세히 설명하기로 한다.

Ⅲ 금융소득의 과세방법

1. 과세방법

• 비과세대상과 무조건 분리과세대상은 종합소득세 계산구조에 합산하지 않는다.
• 위 외의 금융소득은 다음과 같이 종합과세여부 판단

구 분	이 자	배 당	계
무조건 종합과세			xxx
조 건 부 과 세			xxx
계	xxx	xxx	xxx(Ⓐ)*1
출자공동사업자 배당		xxx*2	

*1 조건에 따른 종합과세 판단

〈조건1〉 "무조건 종합과세 + 조건부 과세 = Ⓐ 〉 2,000만원"인 경우 : Ⓐ를 종합과세
〈조건2〉 "무조건 종합과세 + 조건부 과세 = Ⓐ ≦ 2,000만원"인 경우 : 무조건 종합과세만 종합과세하고 조건부 과세대상은 분리과세

*2 출자공동사업자 배당은 2,000만원 초과 여부와 무관하게 항상 종합과세

2. 금융소득의 구분

(1) 주요 비과세대상

① 공익신탁의 이익
② 개인종합자산관리계좌에서 받는 200만원(서민형은 400만원)까지의 이자 · 배당 ⋯→ 200만원(400만원) 초과액은 9% 세율로 분리과세
③ 그 밖에 법령으로 정한 것

(2) 무조건 분리과세대상

① 비실명 금융소득(45%, 금융실명제 대상은 90%)*
② 직장공제회 초과반환금(기본세율)*
③ 「민사집행법」에 의한 경매입찰 법원 보증금 및 경락대금에서 발생하는 이자소득(14%)*
④ 법인으로 보는 단체 외의 단체 중 수익을 구성원에게 배분하지 않는 단체로서 단체명을 표기하여 금융거래를 하는 단체(예 : 아파트관리사무소)가 금융회사 등으로부터 받는 이자소득 및 배당소득(14%)*
⑤ 그 밖에 법령으로 정한 것

* "(　)"는 원천징수세율

(3) 무조건 종합과세대상

다음의 금융소득은 국내에서 원천징수되지 않는 금융소득이므로 무조건 종합과세한다.

① 국외금융소득 중 국내에서 원천징수되지 않은 소득
② 국내금융소득 중 원천징수되지 않은 소득

(4) 출자공동사업자 배당

2,000만원 초과여부와 무관하게 항상 종합과세한다(원천징수세율 : 25%).

(5) 조건부과세대상

위 (1) ~ (4)를 제외한 금융소득은 조건부과세대상이다(원천징수세율 : 비영업대금의 이익은 25%*, 그 외의 소득은 14%).

* 다만, 「온라인투자연계금융업 및 이용자 보호에 관한 법률」에 따라 금융위원회에 등록한 온라인투자연계금융업자를 통하여 지급받는 이자소득(P2P 이자소득)에 대해서는 14%로 한다.

예제 금융소득 종합과세

다음은 거주자 甲씨의 ×1년의 금융소득 자료이다. 자료를 이용하여 물음에 답하시오. 제시된 금액은 원천징수 전 금액이며, 별도의 언급이 없다면 원천징수는 적정하게 이루어졌다.

① 정기예금이자　　　　7,000,000원
② 외국법인으로부터 받은 배당　　　　6,000,000원(국내에서 원천징수되지 않음)

③ 비영업대금의 이익 10,000,000원
④ 공익신탁의 이익 2,000,000원

[물 음]

1. 위 자료를 이용하여 甲씨의 ×1년의 종합소득금액에 합산하는 금융소득금액을 계산하시오.
2. 다른 자료는 위와 동일하고 "①"의 정기예금이자만 4,000,000원으로 변경되는 경우 甲씨의 ×1년의 종합소득금액에 합산하는 금융소득금액을 계산하시오.

해답

1.

구 분	무조건 종합과세	조건부과세	계
정기예금이자		7,000,000원	
외국법인으로부터 받은 배당	6,000,000원		
비영업대금의 이익		10,000,000원	
공익신탁의 이익			비과세
계	6,000,000원	17,000,000원	23,000,000원

무조건종합과세와 조건부과세 금융소득의 합계액이 2,000만원을 초과하므로 23,000,000원을 종합과세한다.

2.

구 분	무조건 종합과세	조건부과세	계
정기예금이자		4,000,000원	
외국법인으로부터 받은 배당	6,000,000원		
비영업대금의 이익		10,000,000원	
공익신탁의 이익			비과세
계	6,000,000원	14,000,000원	20,000,000원

무조건종합과세와 조건부과세 금융소득의 합계액이 2,000만원 이하이므로 무조건종합과세 대상인 6,000,000원만 종합과세한다.

3절 사업소득

사업소득이란 「소득세법」에 규정된 사업에서 발생한 소득을 말한다.

사업소득의 구체적인 범위 및 계산방법은 법인세 계산과 연계되므로 세법개론에서 설명하기로 하고, 여기서는 사업소득 중 부동산임대업과 관련된 내용만 설명하기로 한다.

1. 부동산임대업의 범위

부동산임대업이란 다음의 사업(소득)을 말한다.

① 부동산 또는 부동산상의 권리를 대여하는 사업 : 토지, 건축물 등 부동산과 전세권 등 부동산상의 권리를 대여하는 사업은 그 자산의 등기여부를 불문하고 부동산임대업에 해당한다.

② 공장재단 또는 광업재단을 대여하는 사업 : 공장재단 또는 광업재단이란 관련 법의 규정에 의하여 재단의 설정등기를 한 재산의 집단을 말한다. 「소득세법」에서는 이를 하나의 부동산으로 취급하여 그 재단의 대여로 인한 소득은 부동산임대업 소득으로 본다.

③ 광업권자 · 조광권자 또는 덕대가 채굴을 할 수 있는 시설과 함께 광산을 대여함으로 인하여 발생하는 소득

2. 종합과세 여부

부동산임대업에서 발생한 소득은 종합과세하는 것이 원칙이나, 다음의 소득은 예외로 한다.

(1) 비과세 사업소득의 사례

1) 논 · 밭을 작물생산에 이용하게 함으로써 발생하는 소득

논 · 밭을 작물생산에 이용하게 함으로써 발생하는 소득에 대해서는 소득세를 과세하지 아니한다.

2) 1개의 주택 소유자의 주택임대소득

1개의 주택을 소유하는 자의 주택 임대소득은 비과세한다. 다만, 다음 주택의 임대소득은 주택 수에 관계없이 과세한다.

① 고가주택*

② 국외에 소재하는 주택

* 여기서 고가주택이란 과세기간 종료일 또는 해당 주택의 양도일 현재 기준시가가 12억원을 초과하는 주택을 말한다.

(2) 분리과세 사업소득

해당 과세기간에 주거용 건물 임대업에서 발생한 수입금액의 합계액이 2천만원 이하인 자의 주택임대소득(이하 "분리과세 주택임대소득"이라 한다)은 종합소득과세표준을 계산할 때 합산하지 아니한다.

분리과세 주택임대소득이 있는 거주자의 종합소득 결정세액은 법령에 정하는 방법에 따라 분리과세방식과 종합과세방식 중 선택하여 적용한다.

3. 수입시기

부동산임대업의 수입시기는 다음과 같다.

① 계약 또는 관습에 의하여 지급일이 정하여진 것 : 그 정하여진 날

② 계약 또는 관습에 의하여 지급일이 정하여지지 아니한 것 : 그 지급을 받은 날

4. 사업소득금액의 계산

4.1 계산구조

종합소득금액에 합산하는 사업소득금액의 계산구조는 다음과 같다.

	총 수 입 금 액(사업소득−비과세소득)
(−)	필 요 경 비
	사 업 소 득 금 액*

* 분리과세 주택임대소득에 대한 결정세액 계산방법은 별도로 규정하고 있다.

4.2 부동산임대업의 총수입금액 계산

부동산임대업의 총수입금액은 다음과 같이 계산한다.

총수입금액 = 임대료 + 간주임대료 + 관리비수입 + 보험차익

(1) 임대료

부동산을 임대하고 수입하는 임대료는 총수입금액에 산입한다.

선세금(임대인이 임차인으로부터 수년 또는 수개월의 임대료를 먼저 받는 금액을 말한다)에 대하여는 다음과 같이 안분하여 각 과세기간의 총수입금액을 계산한다.

$$\text{선세금의 해당 과세기간 총수입금액} = \text{선세금} \times \frac{\text{해당 과세기간 중 임대기간 월수*}}{\text{총 임대계약기간 월수*}}$$

* 월수의 계산은 초월산입 · 말월불산입(계약기간개시일이 속하는 달이 1개월 미만인 경우에는 1개월로 하고, 해당 계약기간 종료일이 속하는 달이 1개월 미만인 경우에는 이를 산입하지 아니하는 것을 말한다)에 따른다.

(2) 간주임대료

부동산을 임대하고 임대보증금을 받은 경우에는 다음과 같이 계산한 간주임대료를 총수입금액으로 한다.

1) 상가 · 사무실 등을 임대하는 경우

구 분	간주임대료
추계의 경우	보증금 적수 × 정기예금이자율 × $\frac{1}{365}$(윤년은 $\frac{1}{366}$)
추계 외의 경우	(보증금 적수−건설비*1 적수) × 정기예금이자율 × $\frac{1}{365}$(윤년은 $\frac{1}{366}$) − 금융수익*2

*1 여기서 건설비란 토지가액을 제외한 건축물의 취득가액에 자본적지출을 더한 금액을 말한다.

*2 여기서 금융수익이란 보증금에서 발생한 수입이자와 할인료 및 수입배당금을 말한다.

2) 주택을 임대하는 경우

주택의 임대보증금에 대해서는 간주임대료를 계산하지 않는 것이 원칙이다. 다만, 3주택*1 이상을 소유하고 보증금 등의 합계액이 3억원을 초과하는 경우*2에는 주택과 주택부수토지를 임대하고 받은 보증금에 대해서도 다음과 같이 간주임대료를 계산한다.

구 분	간 주 임 대 료
추계의 경우	(보증금−3억원)의 적수 × 60% × 정기예금이자율 × $\frac{1}{365}$(윤년은 $\frac{1}{366}$)
추계 외의 경우	(보증금−3억원)의 적수 × 60% × 정기예금이자율 × $\frac{1}{365}$(윤년은 $\frac{1}{366}$) − 금융수익

*1 3주택 이상 여부 판정시 주거의 용도로만 쓰이는 면적이 1호(1戶) 또는 1세대당 40m² 이하인 주택으로서 해당 과세기간의 기준시가가 2억원 이하인 주택은 2026. 12. 31.까지는 주택 수에 포함하지 아니한다.

*2 2026. 1. 1.부터는 2주택(해당 과세기간의 기준시가가 12억원 이하인 주택은 주택 수에 포함하지 않는다)을 소유하고 해당 주택의 보증금의 합계액이 12억원을 초과하는 경우에도 간주임대료를 계산한다.

(3) 관리비수입

임대료 외에 유지비와 청소비 · 난방비 등 관리비 명목으로 지급받는 금액이 있는 경우 그 금액을 총수입금액에 산입하고, 실제로 지출한 관리비를 필요경비에 산입한다.

다만, 전기료 · 수도료 등의 공공요금은 임차인 필요경비의 납입대행을 위하여 받은 것이므로 총수입금액에 산입하지 아니하되, 공공요금의 명목으로 지급받은 금액이 실제 공공요금 납부액을 초과할 때는 그 초과금액을 총수입금액에 산입한다.

(4) 보험차익

부동산임대업 소득이 있는 거주자가 그 사업과 관련하여 해당 사업용자산의 소실로 인하여 받는 보험차익은 총수입금액에 산입한다.

예제 부동산임대업 사업소득금액의 계산

다음의 거주자 甲씨의 소득자료를 이용하여 ×5년도 甲씨의 부동산임대업 사업소득금액을 계산하시오. 다만, 입증되는 필요경비는 총 15,000,000원, 정기예금이자율은 2%이며, 1년은 항상 365일이라고 가정한다.

1. 소유하고 있는 유일한 주택인 기준시가 13억원의 고가주택을 임대보증금 20,000,000원, 월 임대료 3,000,000원을 받고 임대하고 있다(임대기간 : ×5년.5.1.~ ×6년.4.30.). 임대계약에 따르면 임대료는 5월 31일부터 매달 말일에 받기로 하였다.
2. 상가를 다음과 같이 임대하고 있다.
   ① 임대기간 : ×4년. 7. 1 ~ ×6년. 6. 30.
   ② 임대조건 : 임대보증금 300,000,000원을 임대개시일에 수령하였고, 월 임대료 2,000,000원, 월 관리비 500,000원을 매월말에 수령하는 조건
   ③ 상가의 건설비 : 200,000,000원(토지가액 120,000,000원 포함)
   ④ 임대보증금 운용으로 인한 금융수익 : 1,000,000원

해답

1. 총수입금액

(1) 주택임대* : 3,000,000 × 8개월 = 24,000,000

* 주택에 대해서는 3주택이상이면서 주택 임대보증금 합계액이 3억원을 초과하는 경우에만 간주임대료를 계산한다. 따라서 1주택을 소유하고 있는 경우에는 임대보증금을 받더라도 간주임대료를 계산하지 않는다.

(2) 상가임대

① 임대료 : 2,000,000 × 12개월 = 24,000,000

② 간주임대료 : [300,000,000 − (200,000,000−120,000,000)] × 365 × 2% × 1/365 − 1,000,000 = 3,400,000

③ 관리비수입 : 500,000 × 12개월= 6,000,000

④ 계 : 33,400,000

(3) 합계 : 24,000,000 + 33,400,000 = 57,400,000

2. 필요경비 : 15,000,000

3. 사업소득금액 : 57,400,000 − 15,000,000 = 42,400,000

4절 근로소득

1. 근로소득의 범위

(1) 근로소득에 해당하는 것

근로소득은 해당 과세기간에 발생하는 다음의 소득으로 한다.

① 근로를 제공함으로써 받는 봉급·급료·보수·세비·임금·상여·수당과 이와 유사한 성질의 급여
② 법인의 주주총회·사원총회 또는 이에 준하는 의결기관의 결의에 따라 상여로 받는 소득
③ 인정상여*1
④ 퇴직함으로써 받는 소득으로서 퇴직소득에 속하지 아니하는 소득
⑤ 직무발명보상금*2. 다만, 퇴직한 후에 지급받는 것은 기타소득에 해당한다.
⑥ 임원등 할인액*3

*1 인정상여란 「법인세법」에 따라 상여로 처분된 금액을 말한다.

*2 직무발명보상금이란 「발명진흥법」 제2조 제2호에 따라 종업원, 대학의 교직원 또는 대학과 고용관계에 있는 학생이 직무발명으로 받는 보상금을 말한다.

*3 임원등 할인액이란 사업자나 법인의 생산·공급하는 재화·용역을 그 사업자나 법인(「독점규제 및 공정거래에 관한 법률」에 따른 계열회사를 포함한다)의 사업장에 종사하는 임원 또는 종업원(이하 "임원등"이라 한다)에게 시가보다 낮은 가격으로 제공하거나 구입할 수 있도록 지원함으로써 해당 임원등이 얻는 이익을 말한다.

(2) 근로소득으로 보지 않는 것

사회통념상 타당하다고 인정되는 범위의 경조금은 근로소득으로 보지 아니한다.

2. 주요 비과세 근로소득

근로소득 중 비과세되는 주요 항목은 다음과 같다.

(1) 근로의 제공으로 인한 부상 등에 대한 위자의 성질이 있는 급여

(2) 학자금

학교(외국에 있는 이와 유사한 교육기관 포함)와 직업능력개발훈련시설의 입학금 · 수업료, 그 밖의 공납금으로서 다음 요건을 모두 갖춘 학자금은 해당 과세기간에 납입할 금액을 한도로 비과세한다. → 가족에 대한 학자금은 아래 요건을 충족 못하므로 과세

① 사업체의 업무와 관련있는 교육 · 훈련을 위하여 지급받는 것일 것
② 사업체의 규칙 등에 의하여 정하여진 지급기준에 따라 받는 것일 것
③ 교육 · 훈련기간이 6개월 이상인 경우 교육 · 훈련 후 해당 교육기간을 초과하여 근무하지 아니하는 때에는 지급받은 금액을 반납할 것을 조건으로 하여 받는 것일 것

(3) 실비변상적인 성질의 급여

실제 소요되는 비용을 변상해 주는 성질의 비용으로서 세법에 열거된 것은 비과세한다. 그 중 주요 비과세항목은 다음과 같다.

① 월 20만원 이내의 자가운전보조금(차량유지비)*

* 여기서 자가운전보조금(차량유지비)이란 종업원 소유차량 또는 종업원이 본인 명의로 임차한 차량을 종업원이 직접 운전하여 ① 사용주의 업무수행에 이용하고 ② 시내출장 등에 소요된 실제 여비를 지급받는 대신에 ③ 그 소요경비를 해당 사업체의 규정 등에 의하여 정하여진 지급기준에 따라 받는 금액을 말한다.

② 일직료 · 숙직료 또는 여비로서 실비변상정도의 금액
③ 병원 · 시험실 · 금융회사 등 · 공장 · 광산에서 근무하는 사람 또는 특수한 작업이나 역무에 종사하는 사람이 받는 작업복이나 그 직장에서만 착용하는 피복
④ 근로자가 천재지변 기타 재해로 인하여 받는 급여

(4) 국외 또는 북한지역에서 근로를 제공하고 받는 일정한 급여

국외 또는 북한지역에서 근로를 제공(원양어업선박 또는 국외 등을 항행하는 선박이나 항공기에서 근로를 제공하는 것을 포함한다)하고 받는 보수 중 월 100만원[원양어업선박, 국외 등을 항행하는 선박, 국외 등의 건설현장 등에서 근로(설계 및 감리업무 포함)를 제공하고 받는 보수는 월 500만원] 이내의 금액은 비과세한다.

사례 제조업 법인의 해외 파견 사원이 국외지점에서 월급여 400만원 수령시 총급여액 : (4,000,000－1,000,000) × 12개월 = 36,000,000

(5) 법에 따라 사용자가 부담하는 부담금

「국민건강보험법」, 「고용보험법」 또는 「노인장기요양보험법」에 따라 국가 · 지방자치단체 또는 사용자가 부담하는 국민건강보험료, 고용보험료, 노인장기요양보험료는 비과세한다.

(6) 생산직근로자 등이 받는 시간외근무수당

"생산직근로자, 운전 및 운송 관련직 종사자 등 법령에 정한 근로자"로서 "월정액급여 210만원 이하이면서 직전 과세기간의 총급여액이 3,000만원 이하인 근로자"가 받는 시간외근무수당*은 다음 금액을 한도로 비과세한다.

① 광산근로자 및 일용근로자 등의 경우 : 한도없이 그 수당을 전액 비과세한다.

② 위 외의 생산직근로자 등의 경우 : 연 240만원을 한도로 비과세한다.

* 시간외근로수당이란 연장근로 · 야간근로 또는 휴일근로를 하여 통상 임금에 더하여 받는 급여를 말한다.

(7) 식사 또는 월 20만원 이하의 식대

근로자가 사내급식 또는 이와 유사한 방법으로 받는 식사 기타 음식물은 금액과 무관하게 비과세한다. 그러나 식사대로 받은 경우에는 월 20만원 이하만 비과세하며, 월 20만원을 초과하는 금액은 과세한다.

식사와 식사대를 모두 제공받은 경우에는 식사는 비과세하고 식사대는 전부 과세한다.

(8) 출산지원금과 월 20만원 이하의 자녀보육비

① 근로자(사용자와 특수관계에 있는 자 제외) 또는 그 배우자의 출산과 관련하여 자녀의 출생일 이후 2년 이내에 사용자로부터 최대 두차례에 걸쳐 지급받는 급여* : 전액 비과세

* 최대 두 차례에 걸쳐 지급받는 급여 : 사용자로부터 해당 급여를 지급받는 횟수에 관계없이 첫 번째와 두 번째 지급받는 급여를 말한다. 이 경우 근로자가 지급받는 급여의 횟수는 사용자별로 계산한다.

② 근로자 또는 그 배우자의 6세 이하(해당 과세기간 개시일을 기준으로 판단한다)인 자녀의 보육과 관련하여 사용자로부터 지급받는 급여 : 월 20만원 이내의 금액 비과세

(9) 직무발명보상금으로서 연 700만원 이하의 금액(특수관계 있는 자가 받는 보상금은 제외)

(10) 복리후생적 성질의 급여

① 다음 중 어느 하나에 해당하는 사람이 사택을 제공받음으로써 얻는 이익
   ㉠ 주주 · 출자자가 아닌 임원, 소액주주인 임원, 임원이 아닌 종업원(비영리법인 또는 개인의 종업원을 포함한다) → 출자임원(소액주주임원 제외)이 받은 사택제공이익은 과세함
   ㉡ 국가 또는 지방자치단체로부터 근로소득을 지급받는 사람
② 중소기업 종업원이 주택(주택에 부수된 토지를 포함한다)의 구입 · 임차에 소요되는 자금을 저리 또는 무상으로 대여 받음으로써 얻는 이익. 다만, 특수관계 있는 자가 받는 이익은 제외한다.
③ 종업원이 계약자이거나 종업원 또는 그 배우자 및 그 밖의 가족을 수익자로 하는 보험 · 신탁 또는 공제와 관련하여 사용자가 부담하는 다음의 보험료 · 신탁부금 또는 공제부금
   ㉠ 단체순수보장성보험과 단체환급부보장성보험의 보험료 중 연 70만원 이하의 금액
   ㉡ 임직원의 고의(중과실을 포함한다) 외의 업무상 행위로 인한 손해의 배상청구를 보험금의 지급사유로 하고 임직원을 피보험자로 하는 보험의 보험료
④ 공무원이 국가 또는 지방자치단체로부터 공무 수행과 관련하여 받는 상금과 부상 중 연 240만원 이내의 금액
⑤ 직장어린이집을 설치 · 운영하거나 위탁보육을 하는 사업주가 어린이집 운영과 보육에 필요한 비용을 부담함으로써 해당 사업장의 종업원이 얻는 이익

(11) 임원등 할인액 중 일정액

임원등 할인액 중 모든 임원등에게 공통으로 적용되는 기준이 있는 등 법령으로 정하는 요건을 충족한 경우에는 다음 둘 중 큰 금액 이하의 금액을 비과세한다.
① 임원등이 해당 과세기간동안 시가보다 낮은 가격으로 제공받거나 지원을 받아 구입한 재화 또는 용역의 시가를 합한 금액 × 20%
② 연간 240만원

3. 근로소득금액의 계산

(1) 계산구조

종합소득금액에 합산되는 근로소득금액은 다음과 같이 계산한다.

총　급　여　액*(근로소득－비과세소득)
(－)근로소득공제액
근로소득금액

* 일용근로자의 근로소득은 분리과세한다.

(2) 근로소득공제액

다음과 같이 계산하되, 2,000만원을 한도로 한다.

총 급 여 액*	근로소득공제액
① 500만원 이하	총급여액 × 70%
② 500만원 초과 1,500만원 이하	350만원 + 500만원 초과액의 40%
③ 1,500만원 초과 4,500만원 이하	750만원 + 1,500만원 초과액의 15%
④ 4,500만원 초과 1억원 이하	1,200만원 + 4,500만원 초과액의 5%
⑤ 1억원 초과	1,475만원 + 1억원 초과액의 2%

* 총급여액이란 비과세소득을 제외한 금액을 말한다.

4. 근로소득의 수입시기

구 분	수 입 시 기
① 급　여	근로를 제공한 날
② 인정상여	해당 사업연도 중의 근로를 제공하는 날
③ 잉여금 처분에 의한 상여	해당 법인의 잉여금처분결의일

5. 근로소득의 과세방법

(1) 일용근로자의 경우

1) 일용근로자의 범위

일용근로자란 근로를 제공한 날 또는 시간에 따라 근로대가를 계산하여 받는 사람으로서 근로계약에 따라 "동일한 고용주에게 3개월 이상(건설공사 종사자는 1년, 하역작업 종사자는 근로기간에 제한 없다) 계속하여 고용되어 있지 아니한 사람"을 말한다.

2) 과세방법

일용근로소득의 지급자가 일용근로자에게 급여액을 지급할 때 다음 산식에 의하여 계산한 세액을 원천징수하여 다음 달 10일까지 납부함으로써 납세의무가 종결된다(분리과세).

원천징수세액 = [(일급여액 − 근로소득공제) × 세율] − 근로소득세액공제

- 근로소득공제: 1일 150,000원
- 세율: 6%
- 근로소득세액공제: 산출세액×55%(한도 없음)

사례 일용근로자가 10일간 근무하고 일당 250,000을 받는 경우 원천징수당하는 세액 :
(250,000−150,000) × 6% × (1−55%) × 10일 = 27,000

(2) 상용근로자의 경우

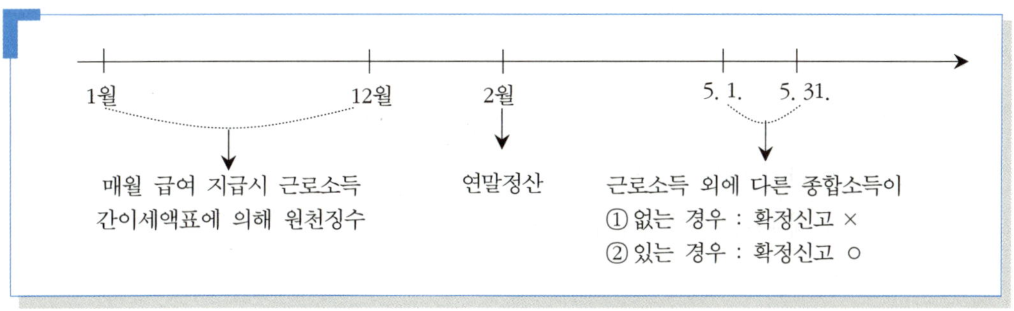

1) 1월부터 12월까지 매월분의 근로소득에 대한 원천징수

원천징수의무자(회사)가 매월분의 근로소득을 지급하는 때에는 근로소득간이세액표[1]에 의하여 소득세를 원천징수하여 징수일이 속하는 달의 다음달 10일까지 납부하여야 한다.

2) 해당 과세기간의 다음연도 2월분 급여지급시 1년분 근로소득에 대한 연말정산

원천징수의무자는 해당 과세기간의 다음연도 2월분 근로소득을 지급하는 때 연말정산*에 의하여 소득세를 원천징수한다.

* 연말정산 방법

	근로소득금액	…	1월 ~ 12월 총급여를 기준으로 계산한 금액
(−)	소 득 공 제		
	과 세 표 준		
	⋮		
	결 정 세 액	…	1월 ~ 12월 총급여에 대한 결정세액
(−)	기 납 부 세 액	…	1월 ~ 12월에 간이세액표에 의해 원천징수한 세액
	차감납부세액	…	(+)가 나오면 추가 원천징수, (−)가 나오면 환급

3) 다음연도 5월의 확정신고여부

연말정산을 행한 근로소득자의 경우 다음연도 5월의 확정신고여부는 다음과 같다.

① 근로소득 외에 다른 종합소득이 없는 경우 : 연말정산으로 납세의무가 종결되므로 확정신고를 하지 아니할 수 있다.

② 근로소득 외에 다른 종합소득이 있는 경우 : 근로소득과 다른 종합소득을 합산하여 확정신고한다.

---

1) 여기서 근로소득간이세액표란 회사가 매월 급여를 지급할 때마다 원천징수세액을 별도로 계산하는 불편을 해소하기 위하여 공제대상 가족수 등을 고려한 매월분 급여액에 대한 원천징수세액을 「소득세법 시행령」에 별도로 규정해 놓은 표를 말한다.

예제 근로소득금액의 계산

제조업을 영위하는 ㈜우리경영에서 사무직으로 근무하는 거주자 甲씨가 받은 다음의 소득자료를 기초로 甲씨의 ×5년도의 근로소득금액을 계산하시오. 다만, 근로소득공제액은 본문 "3. (2)" 표를 참고할 것

① 기 본 급(1,100,000원×12개월)	13,200,000원
② 상 여 금(1,100,000원×400%)	4,400,000원
③ 야간근로수당	1,900,000원
④ 주주총회에서의 잉여금처분에 의한 상여금	2,000,000원
(×5년도 실적에 대한 상여금으로 처분결의일은 ×6년. 2. 27.임)	
⑤ 식 대(월 240,000원×12개월)	2,880,000원
⑥ 업무관련 자가운전보조금(월 300,000원×12개월)	3,600,000원

해답

1. 총급여액

① 기본급		13,200,000
② 상여금		4,400,000
③ 연장근로수당		1,900,000*1
④ 잉여금처분에 의한 상여		–*2
⑤ 식대	: (240,000−200,000) × 12 =	480,000
⑥ 자가운전보조금	: (300,000−200,000) × 12 =	1,200,000
계		21,180,000

*1 생산직근로자 등이 아니므로 연장근로수당(시간외근로수당)을 전액 과세한다.

*2 잉여금처분에 의한 상여금은 처분결의일이 속하는 ×6년도의 근로소득이다.

2. 근로소득공제 : 7,500,000 + (21,180,000−15,000,000) × 15% = 8,427,000

3. 근로소득금액 : 21,180,000 − 8,427,000 = 12,753,000

5절 연금소득 및 기타소득

I. 연금소득

1. 종 류

연금소득에는 공적연금소득과 사적연금소득이 있다.

① 공적연금소득 : 공적연금관련법(「국민연금법」, 「공무원연금법」, 「군인연금법」, 「사립학교교직원연금법」, 「별정우체국법」 또는 「국민연금과 직역연금의 연계에 관한 법률」을 말한다)에 따라 받는 연금소득을 말한다.

② 사적연금소득 : 금융기관 등의 연금계좌에서 받는 소득을 말한다.

2. 과세방식

우리나라는 연금을 납입하는 연도에 소득공제 또는 세액공제로 납입액을 공제한 후, 수령하는 연도에 과세하는 수령연도과세방식에 따라 연금소득을 과세하고 있다.

3. 연금소득금액의 계산

종합소득금액에 합산되는 연금소득금액은 다음과 같이 계산한다.

연금소득금액 = 총연금액* − 연금소득공제

* 비과세소득과 분리과세소득을 제외한 금액을 종합과세한다.

이연퇴직소득을 연금수령하는 경우와 의료목적 등 부득이한 사유로 인출하는 연금소득은 무조건 분리과세하며, 그 외의 사적연금소득의 합계액이 연 1,500만원 이하인 경우에는 분리과세와 종합과세 중 선택할 수 있다. 1,500만원을 초과하는 경우 종합과세하되, 법령으로 정하는 방법에 따라 분리과세방식과 종합과세방식 중 선택할 수 있다.

연금소득과 관련된 구체적인 내용은 세법개론에서 설명하기로 한다.

Ⅱ 기타소득

1. 기타소득의 범위

기타소득이란 이자소득 · 배당소득 · 사업소득 · 근로소득 · 연금소득 · 퇴직소득 및 양도소득 "외"의 소득으로서 세법에 열거된 소득을 말한다.

따라서 어떤 소득이 기타소득에도 해당되고 다른 소득에도 해당되는 경우에는 다른 소득으로 먼저 구분한다.

사례 원고료의 경우 기타소득으로 열거되어 있으나, 그 성격에 따라 근로자가 업무관련성이 있는 원고를 회사 사보에 기고하고 받은 원고료는 근로의 연장으로 보아 근로소득으로 과세하고, 작가가 쓴 소설에 대한 원고료는 사업소득으로 과세하며, 그 밖의 일시적인 원고료만 기타소득으로 과세한다.

「소득세법」에 열거된 기타소득 중 주요항목은 다음과 같다.

구 분	기 타 소 득
1) 위약금 · 배상금	계약의 위약 또는 해약으로 인하여 받는 위약금, 배상금, 부당이득 반환시 지급받는 이자 → 계약의 위약 등으로 인한 배상금 외의 배상금(예를 들면 명예훼손배상금 · 교통사고배상금)은 소득과세대상이 아님
2) 일시적인 문예창작소득	문예 · 학술 · 미술 · 음악 또는 사진에 속하는 창작품에 대한 원작자로서 받는 소득으로서 원고료 등의 대가
3) 일시적인 인적용역	다음에 해당하는 인적용역을 일시적으로 제공하고 지급받는 대가 ① 고용관계 없이 다수인에게 강연을 하고 강연료 등 ② 라디오 · 텔레비전방송 등을 통하여 해설 · 계몽 또는 연기의 심사 등을 하고 보수 등 ③ 변호사 · 공인회계사 · 세무사 등 그 밖에 전문적 지식 또는 특별한 기능을 가진 자가 그 지식 또는 기능을 활용하여 보수 등 ④ 그 밖에 고용관계 없이 수당 등
4) 무체재산권의 양도 · 대여소득	광업권 · 어업권 · 산업재산권 · 산업정보, 산업상비밀, 상표권 · 영업권 · 점포임차권 등의 자산이나 권리를 양도하거나 대여하고 그 대가로 받는 금품

<table>
<tr><td></td><td></td></tr>
<tr><td>5) 서화 · 골동품 등의 양도소득</td><td>개당 · 점당 또는 조당 양도가액이 6,000만원 이상인 법에 정한 서화 · 골동품 등의 양도로 발생하는 소득. 다만, 양도일 현재 생존해 있는 국내원작자의 작품은 제외한다.</td></tr>
<tr><td colspan="2">6) 위 외에 법에 열거된 것
① 상금 · 현상금 · 보로금 또는 이에 준하는 금품
② 복권, 경품권, 그 밖의 추첨권에 당첨되어 받는 금품
③ 승마투표권, 경륜 · 경정법에 의한 승자투표권, 소싸움경기투표권, 체육진흥투표권의 구매자가 받는 환급금
④ 유실물의 습득으로 인하여 받은 보상금 또는 매장물의 발견으로 인하여 새로 소유권을 취득하는 경우 그 자산
⑤ 슬롯머신(비디오게임을 포함한다) 및 투전기 그 밖에 이와 유사한 기구를 이용하는 행위에 참가하여 받는 당첨금품 등
⑥ 퇴직 전에 부여받은 주식매수선택권을 퇴직 후에 행사함으로써 얻는 이익 ⟶ 근무기간 중에 행사함으로써 얻는 이익은 근로소득
⑦ 퇴직한 후에 지급받는 직무발명보상금 ⟶ 근무기간 중에 받는 직무발명보상금은 근로소득
⑧ 뇌물, 알선수재 및 배임수재에 의하여 받는 금품
⑨ 종교인소득(단, 종교인소득에 대하여 근로소득으로 원천징수하거나 과세표준확정신고 한 경우에는 근로소득으로 본다)
⑩ 그 밖의 법에 열거된 것</td></tr>
</table>

2. 비과세 기타소득

기타소득 중 주요 비과세항목은 다음과 같다.

① 「상훈법」에 따른 훈장과 관련하여 받는 부상이나 그 밖에 국가 · 지방자치단체로부터 받는 상금과 부상 등 대통령령이 정하는 상금과 부상

② 직무발명보상금으로서 연 700만원 이하의 금액*. 다만, 특수관계에 있는 자가 받는 직무발명보상금은 제외한다.

* 직무발명보상금은 근로소득 비과세 금액과 기타소득 비과세금액을 합하여 연 700만원까지만 비과세한다.

③ 국가지정문화재로 지정된 서화 · 골동품의 양도소득

④ 서화 · 골동품을 박물관 · 미술관에 양도함으로써 발생하는 소득

3. 기타소득금액의 계산

(1) 계산구조

종합소득금액에 합산하는 기타소득금액은 다음과 같이 계산한다.

	기 타 소 득 총 수 입 금 액(기타소득－비과세소득－분리과세소득)
(－)	필 요 경 비
	기 타 소 득 금 액

(2) 필요경비

총수입금액에 대응하여 지출된 비용으로서 입증된 금액을 필요경비로 공제한다.

다만, 다음의 경우에는 수입금액의 일정비율을 최소한의 필요경비로 공제한다.

→ 따라서 세부담을 최소화하려면 'max(입증액, 총수입금액 × 최소경비율)'을 필요경비로 공제함

구 분		최소경비율
① 공익법인 상금, 다수가 순위 경쟁하는 대회에서 입상자가 받는 상금 ② 주택입주지체상금 → 이것 외의 배상금은 입증안되면 공제✕		80% [주 공 순]
③ 공익사업 관련 지역권 · 지상권 설정 · 대여 대가 ④ 다음 인적용역의 일시적 제공 대가 → 사업적으로 하면 사업소득 ㉠ 고용관계 없이 받는 강연료 ㉡ 라디오 · TV 등 해설 · 계몽 · 연기심사 등의 대가 ㉢ 변호사 · 회계사 · 세무사 등 그 밖에 전문적 지식 또는 특별한 기능을 가진 자가 그 지식 · 기능을 활용하여 받는 대가 ㉣ 위와 유사한 성질의 대가 ⑤ 일시적인 문예창작소득 ⑥ 광업권 등 무체재산권의 양도 · 대여 대가 ⑦ 통신판매중개를 하는 자를 통하여 물품 또는 장소를 대여하고 연간 수입금액이 500만원 이하의 사용료로서 받은 금품		60% [해사(에 관한) 광고일 통지]
서화 · 골동품 등 양도소득	받은 금액이 1억원 이하인 경우	90%
	받은 금액이 1억원을 초과하는 경우	9천만원 + 1억원 초과액 × 80%(보유기간 10년 이상이면 90%)
종교인소득		법에 정한 금액

4. 기타소득의 과세최저한

필요경비를 차감한 기타소득금액이 건별로 5만원 이하인 경우에는 소득세를 과세하지 않는다.* 다만, 연금외수령하는 기타소득금액은 과세한다.

* 승마투표권 등의 환급금, 복권당첨금 · 슬롯머신 등 당첨금품으로서 건별로 200만원 이하인 경우, 2025년부터 과세되는 가상자산 소득은 별도의 과세최저한 규정이 있다.

사례 다수인 순위 경쟁으로 인한 상금 250,000원을 받은 경우 기타소득금액은 '250,000 × (1−80%) = 50,000'으로 5만원 이하이므로 과세하지 않는다.

5. 기타소득의 수입시기

기타소득에 대한 총수입금액의 수입시기는 그 지급을 받은 날로 하는 것이 원칙이다.

6. 기타소득의 과세방법

기타소득은 소득의 성격에 따라 다음과 같이 과세한다.

(1) 무조건 분리과세

다음 금액은 무조건 분리과세한다.

① 연금계좌에서 연금외수령한 기타소득

② 서화 · 골동품의 양도로 발생하는 소득

③ 복권 당첨금, 승마투표권 등의 환급금, 슬롯머신 등의 당첨금품 등

④ 가상자산 양도 · 대여 소득 → 2027. 1. 1. 이후 양도 · 대여하는 분부터 적용

(2) 무조건 종합과세

뇌물, 알선수재 및 배임수재에 의하여 받는 금품은 무조건 종합과세한다.

(3) 조건부 과세

위 외의 기타소득은 조건부과세대상에 해당하며, 이러한 조건부과세대상의 종합과세여부는 다음과 같다.

구 분	조건부과세대상
[경우 1] "조건부과세 기타소득금액의 합계액 ≦ 300만원"인 경우	분리과세 선택 가능
[경우 2] "조건부과세 기타소득금액의 합계액 > 300만원"인 경우	종합과세

사 례

무조건 분리과세	무조건 종합과세	조건부 과세
4,000,000	(뇌물 등) 0	2,000,000
		1,500,000
		3,500,000
		↓ 300만원을 초과하므로 종합과세

예제 기타소득금액의 계산

다음 자료를 기초로 거주자 甲씨의 종합소득에 합산될 기타소득금액을 계산하시오. 다만, 필요경비는 확인되지 않는다.

구 분	총 수 입 금 액
① 고용관계없이 받은 강연료	6,000,000원
② 신문에 기고하고 받은 일시적인 원고료	5,000,000원
③ 미술품 양도가액	20,000,000원
④ 주택복권당첨소득	10,000,000원
⑤ 시민노래자랑 수상상금	8,000,000원

해답

구 분	총 수 입 금 액	필요경비	기타소득금액
① 강연료	6,000,000	3,600,000(60%)	2,400,000
② 원고료	5,000,000	3,000,000(60%)	2,000,000
③ 미술품양도가액	양도가액이 6,000만원 이상 아니므로 과세대상 아님		
④ 주택복권당첨소득	무조건 분리과세대상소득(건별로 200만원 이하인 경우에는 과세최저한)		
⑤ 상금	8,000,000	6,400,000(80%)	1,600,000
계	19,000,000	13,000,000	6,000,000 *

* 이러한 기타소득금액이 300만원 이하이면 분리과세를 선택할 수 있으나, 300만원을 초과하므로 반드시 종합과세하여야 한다.

7. 원천징수

기타소득에 대해서는 필요경비를 차감한 기타소득금액에 20%의 원천징수세율을 곱하여 원천징수하는 것이 원칙이다*.

* (1) 20%의 원천징수세율을 적용하지 않는 예외
① 소기업 · 소상공인 공제부금 해지일시금, 연금계좌에서 연금외수령한 기타소득 : 15%
② 복권당첨금, 승마투표권 · 승자투표권 · 소싸움경기투표권 · 체육진흥투표권의 환급금, 슬롯머신 등 당첨금 : 소득금액 3억원까지는 20%, 3억원 초과분은 30%
③ 종교인소득 : 간이세액표를 기준으로 함
(2) 원천징수대상이 아닌 기타소득
① 뇌물 · 알선수재 · 배임수재에 의하여 받는 금품
② 계약의 위약 등으로 인한 위약금 · 배상금 중 계약금의 위약금 등 대체액
③ 가상자산 양도 · 대여 소득 → 2027. 1. 1. 이후 양도 · 대여하는 분부터 적용

8. 종교인소득의 소득구분

종교인소득은 기타소득으로 구분하며, 이 경우 받은 금액의 일정 비율의 금액을 최소한의 필요경비로 인정한다. 다만, 종교인소득에 대하여 근로소득으로 원천징수하거나 과세표준확정신고를 한 경우에는 해당 소득을 근로소득으로 본다.

종교관련 종사자가 현실적인 퇴직을 원인으로 종교단체로부터 지급받는 소득은 퇴직소득으로 본다.

현실적인 퇴직 이후에 종교단체로부터 정기적 또는 부정기적으로 지급받은 소득으로서 퇴직소득에 해당하지 않는 것은 기타소득 또는 근로소득으로 보는 종교인소득에 포함한다.

6절 과세표준

I 계산구조

종합소득과세표준은 다음과 같이 계산한다.

종 합 소 득 금 액
(−)「소득세법」상 소득공제
(−)「조세특례제한법」상 소득공제
종 합 소 득 과 세 표 준

II 「소득세법」상 소득공제

소득공제 = 인적공제 + 연금보험료공제 + 주택담보노후연금이자비용공제 + 특별소득공제

1. 인적공제

인적공제 = 기본공제 + 추가공제

(1) 기본공제

1) 공제액

부양가족 1명당 최저생계비를 과세대상에서 제외하기 위하여 다음 금액을 공제한다.

> 기본공제 = 기본공제대상 사람수 × 1명당 연 150만원

2) 기본공제대상가족

기본공제대상가족이란 나이요건과 연간소득금액요건을 충족한 다음의 가족을 말한다. 다만, 장애인은 나이요건의 제한을 받지 않으며, 연간소득금액요건의 제한만 받는다.

공제대상		나이요건	연간소득금액요건*1
거 주 자 본 인		없 음	없 음
배 우 자		없 음	100만원 이하인 사람 (총급여액 500만원 이하인 근로소득만 있는 배우자 포함)
생계를 같이하는 부양가족*2	① 직계존속*3	60세 이상인 사람	100만원 이하인 사람 (총급여액 500만원 이하인 근로소득만 있는 부양가족 포함)
	② 직계비속*4 · 입양자(해당 직계비속 · 입양자와 그 배우자가 모두 장애인이면 그 배우자 포함)	20세 이하인 사람	
	③ 형제자매	20세 이하 또는 60세 이상인 사람	
	④ 「국민기초생활보장법」에 의한 수급자	없 음	
	⑤ 위탁아동*5	18세 미만*6	

*1 여기서 연간소득금액이란 비과세 · 과세제외 및 분리과세대상 소득을 제외한 종합소득금액 · 퇴직소득금액 및 양도소득금액의 연간 합계액을 말한다.

*2 ① 여기서 부양가족에는 거주자 본인의 직계존속 등은 물론 배우자의 직계존속 등도 포함한다. 따라서 남성인 거주자가 부양하는 장인 · 장모 · 처남 · 처제도 나이요건과 소득금액요건만 충족되면 기본공제대상자가 된다.

② 배우자와 직계비속 및 입양자는 별거하고 있어도 생계를 같이하는 자로 본다.

*3 직계존속이 재혼한 경우에는 그 배우자로서 직계존속과 혼인(사실혼을 제외한다) 중임이 증명되는 사람, 직계존속이 사망한 경우에는 사망일 전날을 기준으로 혼인(사실혼을 제외한다) 중에 있었음이 증명되는 사람을 포함한다.

*4 여기서 직계비속이란 ① 거주자의 직계비속, ② 거주자의 배우자가 재혼한 경우로서 해당 배우자가 종전의 배우자와 혼인(사실혼을 제외한다) 중에 출산한 사람을 말한다.

*5 여기서 위탁아동이란 「아동복지법」에 따른 가정위탁을 받아 양육하는 아동으로서 해당 과세기간에 6개월 이상 직접 양육한 위탁아동을 말한다. 다만, 직전 과세기간에 소득공제를 받지 못한 경우에는 해당 위탁아동에 대한 직전 과세기간의 위탁기간을 포함하여 계산한다.

*6 보호기간이 연장된 경우로서 20세 이하인 위탁아동을 포함한다.

(2) 추가공제

1) 공제액

다음의 금액을 추가로 공제한다.

추가공제 = 각 사유에 해당하는 인원수 × 1명당 사유별 공제금액

2) 추가공제사유 및 공제액

구 분	추가공제사유	1명당 공제금액
경로우대자공제	기본공제대상자가 70세 이상인 경우*1	100만원
장 애 인 공 제	기본공제대상자가 장애인인 경우*1	200만원
부녀자공제*2	거주자(해당 과세기간에 종합소득과세표준을 계산할 때 합산하는 종합소득금액이 3,000만원 이하인 거주자로 한정한다) 본인이 다음 중 하나에 해당하는 경우 ① 배우자가 있는 여성인 경우 ② 배우자가 없는 여성으로서 기본공제대상 부양가족이 있는 세대주인 경우	50만원
한 부 모 공 제	거주자가 배우자가 없는 사람으로서 기본공제대상자인 직계비속 또는 입양자가 있는 경우	100만원

*1 경로우대자공제와 장애인공제는 거주자 본인의 기본공제대상자에 대하여만 적용한다. 따라서 요건을 충족하지 못하여 기본공제대상자가 되지 못한 경우에는 추가공제를 적용받을 여지가 없다.

*2 여성의 배우자 유무 및 부양가족이 있는 세대주 여부는 해당 과세기간 종료일 현재의 주민등록표등본 또는 가족관계등록부에 따른다.

3) 중복적용 여부

추가공제는 중복하여 적용받을 수 있다. 다만, 부녀자공제와 한부모공제에 모두 해당되면 한부모공제를 적용받는다.

사례 기본공제대상자인 부친이 70세이면서 장애인인 경우 추가공제로 300만원(경로우대자공제 100만원과 장애인공제 200만원의 합계액)을 공제한다.

예제 인적공제

다음의 자료를 이용하여 근로소득자인 거주자 甲씨(남성)의 인적공제액을 계산하시오.

가족관계	나 이	소득 등의 내역
본 인	50세	근로소득금액 3,000만원
배우자	48세	총급여액 500만원
부 친	77세	–
모 친	70세	사업소득금액 400만원
장 남	21세	장애인
장 녀	19세	국내은행 예금이자 300만원
차 남	17세	–

해답

1. 기본공제 : 6명* × 1,500,000 = 9,000,000

   * 공제대상가족 : 본인, 배우자, 부친, 장남, 장녀, 차남
   (모친은 소득금액이 100만원을 초과하므로 대상이 아니며, 장남은 20세 이하가 아니나 장애인이므로 나이요건은 고려하지 않는다. 장녀의 예금이자는 금융소득 2,000만원 이하로 분리과세대상이므로 제외하고 판단한다.)

2. 추가공제

① 경로우대자	: 1명(부친)* × 1,000,000 =	1,000,000
② 장 애 인	: 1명(장남) × 2,000,000 =	2,000,000
③ 부녀자 공제	: 대상 아님	0
④ 한부모공제	: 대상 아님	0
계		3,000,000

   * 모친은 기본공제대상자가 아니므로 공제대상 아님

3. 인적공제액 : 9,000,000 + 3,000,000 = 12,000,000

2. 연금보험료공제

종합소득이 있는 거주자가 공적연금 관련법에 따른 기여금 또는 개인부담금(이하 "연금보험료"라 한다)을 납입한 경우에는 해당 과세기간의 종합소득금액에서 그 과세기간에 납입한 연금보험료를 전액 공제한다.

취 지 납입하는 연도에는 소득공제로 차감하여 과세하지 않고 연금을 수령하는 연도에 과세하기 위함이다(수령연도 과세방식).

3. 주택담보노후연금이자비용공제

연금소득이 있는 거주자가 주택담보노후연금을 받는 경우에는 다음 금액을 해당 과세기간의 연금소득금액에서 공제한다.

- 주택담보노후연금이자비용공제액 : min(①, ②, ③)
  ① 받은 주택담보노후연금에 대하여 해당 과세기간에 발생한 이자비용상당액
  ② 200만원
  ③ 연금소득금액

4. 특별소득공제

근로소득이 있는 거주자(일용근로자는 제외한다)에게 적용되는 특별소득공제는 다음과 같다. 특별소득공제는 근로소득금액에서 공제한다.

특별소득공제 : 보험료공제 + 주택자금공제

(1) 보험료공제

「국민건강보험법」, 「고용보험법」, 「노인장기요양보험법」에 따라 근로자가 부담하는 국민건강보험료, 고용보험료, 노인장기요양보험료를 지급한 경우 그 금액을 전액 해당 과세기간의 근로소득금액에서 공제한다.

(2) 주택자금공제

• 주택자금공제액 : min(①, ②)

① min [㉠ (주택청약저축의 납입금액* + 국민주택임차자금의 원리금상환금액) × 40%, ㉡ 한도액 : 연 400만원] + 장기주택저당 차입금의 이자상환액

② 한도액 : 법령으로 정한 금액

* 주택청약저축에 대한 소득공제는 「조세특례제한법」상 소득공제이나, 편의상 함께 설명하였다.

Ⅲ 「조세특례제한법」상 종합소득공제

「조세특례제한법」상 소득공제로 신용카드등사용금액 소득공제, 중소기업창업투자조합 출자 등에 대한 소득공제, 소기업·소상공인 공제부금에 대한 소득공제, 우리사주조합 출자에 대한 소득공제 등이 있다.

7절 차감납부세액의 계산 및 신고·납부

I. 차감납부세액의 계산

1. 계산구조

	종합소득산출세액
(−)	세액감면·세액공제
	결정세액
(+)	가산세
	총결정세액
(−)	기납부세액
	차감납부할세액

2. 산출세액계산

(1) 원 칙

종합소득산출세액 = 종합소득과세표준 × 기본세율

기본세율은 다음과 같이 8단계 초과누진세율로 구성되어 있다(소법 55 ①).

과 세 표 준	기 본 세 율
1,400만원 이하	6%
1,400만원 초과 5,000만원 이하	840,000 + 1,400만원의 초과액의 15%
5,000만원 초과 8,800만원 이하	6,240,000 + 5,000만원의 초과액의 24%
8,800만원 초과 1억 5,000만원 이하	15,360,000 + 8,800만원의 초과액의 35%
1억 5,000만원 초과 3억원 이하	37,060,000 + 1억 5,000만원 초과액의 38%
3억원 초과 5억원 이하	94,060,000 + 3억원 초과액의 40%
5억원 초과 10억원 이하	174,060,000 + 5억원 초과액의 42%
10억원 초과	384,060,000 + 10억원 초과액의 45%

(2) 특 례

산출세액은 과세표준에 기본세율을 곱하여 계산하는 것이 원칙이나, 다음의 경우에는 「소득세법」 규정에 따라 비교과세한다. 이 내용은 세법개론에서 자세히 설명하기로 한다.

구 분	산출세액 또는 결정세액
종합소득에 합산된 금융소득이 있는 경우	• 산출세액 : max(①, ②) ① 금융소득을 종합과세한 경우 산출세액 ② 금융소득을 분리과세한 경우 산출세액
법령으로 정한 부동산매매업자의 경우	• 산출세액 : max(①, ②) ① 종합소득세 계산구조를 적용한 산출세액 ② 양도소득세 계산구조를 적용한 산출세액
분리과세 주택임대소득이 있는 경우	• 결정세액 : 다음 중 선택 ① 주택임대소득을 종합과세한 경우의 결정세액 ② 주택임대소득을 분리과세한 경우의 결정세액
분리과세연금소득 외의 사적연금소득이 있는 경우	• 결정세액 : 다음 중 선택 ① 종합과세한 경우의 결정세액 ② 분리과세한 경우의 결정세액

3. 세액감면 · 세액공제

(1) 세액감면

세액감면이란 법령에 정한 요건을 충족한 경우 산출세액의 일정 비율을 면제하거나 감면하는 것을 말한다. 감면세액은 다음과 같이 계산한다.

$$감면세액 = 종합소득산출세액 \times \frac{감면대상\ 소득금액}{종합소득금액} \times 감면율$$

「조세특례제한법」에는 정책적 목적으로 다양한 세액감면제도를 두고 있다.

(2) 세액공제

세액공제란 법령에 정한 요건을 충족한 경우 산출세액에서 일정 금액을 공제하는 것을 말한다. 「소득세법」과 「조세특례제한법」에는 자녀세액공제, 연금계좌세액공제, 특별세액공제, 외국납부세액공제, 배당세액공제, 근로소득세액공제 등 다양한 세액공제제도를 두고 있다. 이 중 근로자에게 적용되는 특별세액공제는 다음과 같다.

<table>
<tr><th>구 분</th><th>세액공제액</th></tr>
<tr><td>보험료세액공제</td><td>공제대상 보장성보험료 × 12%(장애인보장성보험료는 15%)</td></tr>
<tr><td>의료비세액공제</td><td>공제대상 의료비 × 15%(미숙아 · 선천성이상아를 위한 의료비는 20%, 난임시술비는 30%)</td></tr>
<tr><td>교육비세액공제</td><td>공제대상 교육비 × 15%</td></tr>
<tr><td>기부금세액공제</td><td>공제대상 기부금 × 15%(1,000만원 초과분은 30%)</td></tr>
<tr><td colspan="2">근로소득이 있는 거주자로서 특별소득공제, 위의 항목별 특별세액공제, 월세세액공제를 신청하지 않은 사람은 표준세액공제로 연 13만원을 공제한다.</td></tr>
</table>

4. 가산세

가산세란 세법에서 규정하는 의무의 성실한 이행을 확보하기 위하여 그 세법에 따라 산출된 세액에 가산하여 징수하는 금액을 말한다. 이는 의무불이행에 대한 행정상의 제재이다.

소득세 계산시 적용되는 가산세는 다음과 같다.

① 「국세기본법」에 규정된 것 : 신고 및 납부와 관련된 가산세(무신고가산세, 과소신고·초과환급신고가산세, 납부지연가산세, 원천징수등 납부지연가산세)

② 「소득세법」에 규정된 것 : 지급명세서제출불성실가산세, 계산서 등 불성실가산세, 증명서류수취불성실가산세, 영수증수취명세서제출불성실가산세, 사업장현황신고불성실가산세 등 법에 규정된 가산세

5. 기납부세액

기납부세액이란 종합소득금액에 포함되어 있는 소득에 대하여 과세기간 중에 미리 납부한 세액을 말한다.

해당 과세기간의 소득에 대하여 납부하여야 할 세액으로 결정된 총결정세액에서 이미 납부한 기납부세액을 차감한 세액을 확정신고할 때 납부한다.

기납부세액으로 원천징수세액, 중간예납세액, 수시부과세액, 토지등 매매차익 예정신고산출세액이 있다. 이 중 사업자에게 적용되는 중간예납절차는 다음과 같다.

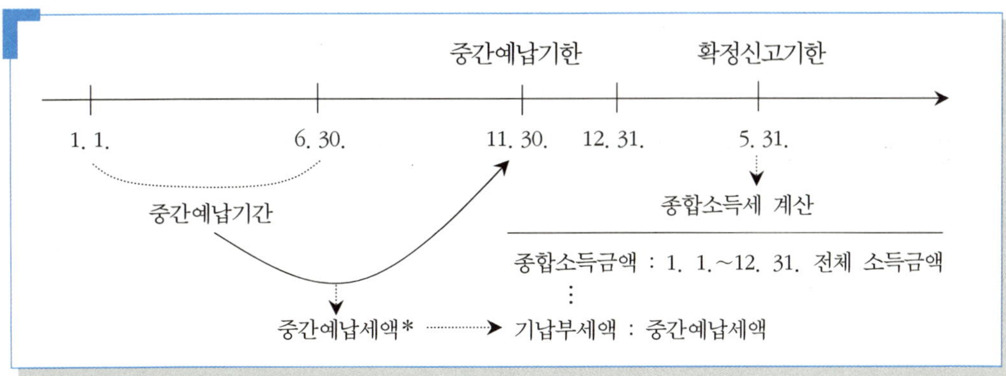

* 중간예납세액은 세무서장이 직전 과세기간 부담세액의 1/2을 고지하여 징수하는 것이 원칙이나, 실적저조자 등의 경우에는 중간예납기간의 실적기준으로 신고·납부할 수 있다.

Ⅱ 신고 · 납부

1. 신고 · 납부기한

종합소득 · 퇴직소득 · 양도소득이 있는 거주자는 1월 1일부터 12월 31일까지의 소득을 다음 연도 5월 1일부터 5월 31일(성실신고확인대상 사업자가 성실신고확인서를 제출하는 경우에는 6월 30일)까지 신고 · 납부하여야 한다.

2. 분 납

납부할 세액이 1천만원을 초과하는 경우에는 다음의 금액을 납부기한이 지난 날로부터 2개월 이내에 분납할 수 있다.

구 분	분납가능금액
① 납부할 세액이 2천만원 이하인 경우	1천만원을 초과하는 금액
② 납부할 세액이 2천만원 초과하는 경우	그 세액의 50% 이하의 금액

사례 ×10년(1. 1. ~ 12. 31.)의 소득세 납부세액이 15,000,000원인 거주자의 분납가능금액과 분납기한은?

1천만원 초과 2천만원 이하이므로 10,000,000원은 ×11년. 5. 31.까지 납부하고, 5,000,000원은 2개월 이내인 ×11년. 7. 31.까지 분납할 수 있다.

3. 물 납

종합소득 · 퇴직소득 · 양도소득에 대한 소득세 물납규정은 없다.

제 3 장

퇴직소득세

1. 퇴직소득의 범위

퇴직소득이란 해당 과세기간에 발생한 다음의 소득을 말한다.

① 공적연금 관련법에 따라 받는 일시금 : 「국민연금법」, 「공무원연금법」 등 공적연금 관련법에 따라 연금형태로 수령한 금액은 연금소득으로 과세하나, 일시금으로 받는 소득은 퇴직소득으로 과세한다.
② 사용자 부담금을 기초로 하여 현실적인 퇴직을 원인으로 지급받는 소득 : 근로자가 현실적으로 퇴직하면서 사용자(고용주)로부터 받는 소득은 퇴직소득으로 과세한다.
③ 위와 유사한 소득으로서 법에 정한 소득(사례 : 종교관련종사자가 현실적인 퇴직을 원인으로 종교단체로부터 지급받는 소득 등)

2. 비과세 퇴직소득

비과세 퇴직소득의 범위는 비과세 근로소득과 같이 규정되어 있다.

3. 퇴직소득세 계산구조

퇴직소득세는 다음과 같이 계산한다.

퇴직소득금액
(−)근속연수공제
XXX $\times \dfrac{1}{\text{근속연수}} \times 12 =$ 환 산 급 여
(−)환산급여공제
과 세 표 준 $\times$ 기본세율 $\times \dfrac{1}{12} \times$ 근속연수 = 산출세액*

* 외국에서 납부한 세액이 있는 경우 산출세액에서 외국납부세액공제를 차감한 세액을 결정세액으로 한다.

(1) 퇴직소득금액

퇴직소득에 대해서는 필요경비가 인정되지 않으므로 퇴직급여가 곧 퇴직소득금액이 된다.

(2) 근속연수공제

다음과 같이 근속연수가 길수록 많은 금액을 공제한다.

근속연수	공제액
5년 이하	100만원 × 근속연수
5년 초과 10년 이하	500만원 + 200만원 × (근속연수 − 5년)
10년 초과 20년 이하	1,500만원 + 250만원 × (근속연수 − 10년)
20년 초과	4,000만원 + 300만원 × (근속연수 − 20년)

한도 없이 위 금액을 공제하며, 근속연수 계산시 1년 미만의 기간은 1년으로 본다.

(3) 환산급여공제

환산급여공제(또는 차등공제) : 환산급여에 따라 다음 금액을 공제한다.

환산급여	공제액
8백만원 이하	환산급여의 100%
8백만원 초과 7천만원 이하	8백만원 + 8백만원 초과분의 60%
7천만원 초과 1억원 이하	4천520만원 + 7천만원 초과분의 55%
1억원 초과 3억원 이하	6천170만원 + 1억원 초과분의 45%
3억원 초과	1억5천170만원 + 3억원 초과분의 35%

예제 퇴직소득세

사용인인 甲씨는 ×1년. 8. 10.에 입사하여 ×4년. 8. 5.에 퇴사하였다. 다음 자료를 이용하여 퇴직소득 산출세액을 계산하시오.

〈자 료〉

1. 퇴직급여 수령액 : 23,000,000원
2. 계산 자료
   ① 근속연수가 5년 이하인 경우 근속연수공제 : 100만원 × 근속연수
   ② 환산급여 7천만원 초과 1억원 이하인 경우 환산급여공제 : 4,520만원 + 7천만원 초과분 × 55%
   ③ 과세표준 1,400만원 초과 5,000만원 이하인 경우 기본세율 : 84만원 + 1,400만원 초과액 × 15%

해답

23,000,000
△3,000,000*1
20,000,000 $\times \frac{1}{3} \times 12 =$ 80,000,000
△50,700,000*2
29,300,000 × 세율 $\times \frac{1}{12} \times 3 =$ 783,750*3

*1 근속연수공제 : 1,000,000 × 3년(1년 미만은 1년으로 봄) = 3,000,000

*2 환산급여공제 : 45,200,000 + (80,000,000−70,000,000) × 55% = 50,700,000

*3 $[840{,}000+(29{,}300{,}000-14{,}000{,}000)\times 15\%] \times \frac{1}{12} \times 3 = 783{,}750$

4. 퇴직소득의 수입시기

퇴직소득의 수입시기는 다음의 날로 한다.

구 분	수입시기
원 칙	퇴직을 한 날
「국민연금법」에 따른 일시금과 건설근로자 퇴직공제금	소득을 지급받는 날 (분할하여 지급받는 경우에는 최초로 지급받는 날)

5. 퇴직소득세의 신고

퇴직일이 속하는 과세연도의 다음 연도 5월 1일부터 5월 31일에 확정신고하는 것이 원칙이다. 다만, 퇴직급여를 수령할 때 원천징수된 퇴직소득만 있는 자는 확정신고하지 아니할 수 있다.

제 4 장

양도소득세

1. 양도의 개념

양도란 자산에 대한 등기·등록과 관계없이 매도, 교환, 법인에 대한 현물출자 등을 통하여 자산을 유상으로 사실상 이전하는 것을 말한다. 이를 구분하여 설명하면 다음과 같다.

① 등기·등록과는 무관하게 사실상의 이전은 모두 양도로 보므로 미등기·미등록된 자산의 양도도 양도소득세 과세대상이 된다.

② 유상으로 이전된 것에 한하여 양도자에게 양도소득세를 과세하며, 무상으로 이전된 것은 수증자에게 증여세(영리법인은 자산수증익으로 법인세)를 과세한다.

2. 양도소득세 과세대상 자산

양도소득세는 다음 자산의 양도로 발생하는 소득에 대하여 과세한다.

(1) 토지 및 건축물

(2) 부동산에 관한 권리

1) 부동산을 취득할 수 있는 권리

부동산을 취득할 수 있는 권리란 「소득세법」상의 취득시기가 도래하기 전에 해당 부동산을 취득할 수 있는 권리를 말한다.

사례 아파트당첨권, 부동산매매계약을 체결한 자가 계약금만 지급한 상태에서 양도하는 권리 등

2) 지상권, 전세권과 등기된 부동산임차권

지상권과 전세권 및 등기된 부동산임차권은 양도소득세 과세대상이 된다.

(3) 일반 주식

1) 주권상장법인의 주식등

주권상장법인의 주식은 다음의 주식 등의 양도로 발생하는 소득만 과세한다.

① 대주주가 양도하는 것

② 대주주가 아닌 자가 증권시장에서의 거래에 의하지 않고 양도하는 것(예외 있음)

2) 주권비상장법인의 주식등

주권상장법인이 아닌 법인의 주식등의 양도로 인한 소득은 대주주 · 소액주주를 불문하고 과세한다(예외 있음).

3) 국외주식등(해외주식)

법령으로 정한 국외주식등(해외주식)의 양도로 인한 소득은 과세한다.

(4) 기타자산

「소득세법」에 정하는 요건을 충족한 법정주식, 사업용 고정자산(토지 · 건물 및 부동산에 관한 권리를 말함)과 함께 양도하는 영업권, 시설물이용권(예 : 골프회원권, 콘도미니엄회원권, 헬스클럽이용권 등), 법령으로 정한 이축권을 양도한 경우에는 양도소득세를 과세한다.

(5) 파생상품

파생상품의 거래 또는 행위로 발생하는 소득(이자소득 또는 배당소득으로 과세하는 파생상품의 거래 · 행위로부터의 이익은 제외)에 대하여 양도소득세를 과세한다.

(6) 신탁수익권

3. 비과세양도소득

다음 소득에 대해서는 양도소득세를 과세하지 아니한다. 다만, 미등기양도자산에 대해서는 비과세에 관한 규정을 적용하지 아니한다.

① 파산선고에 의한 처분으로 발생하는 소득
② 농지의 교환 · 분합으로 발생하는 소득
③ 1세대1주택(고가주택 제외)과 그 부수토지의 양도로 발생하는 소득
④ 요건을 충족한 조합원입주권 양도소득
⑤ 법령으로 정한 조정금

4. 양도소득세의 계산

4.1 계산구조

	양도가액	
(−)	필요경비	… 취득가액 및 기타의 필요경비
	양도차익	
(−)	장기보유특별공제	… 등기되고 보유기간 3년 이상인 토지 · 건물, 특정조합원입주권만 적용
	양도소득금액	
(−)	양도소득기본공제	… 그룹별로 연 250만원
	양도소득과세표준	
(×)	세율	… 자산별 · 보유기간별 · 등기여부에 따라 세율을 구분
	산출세액	
(−)	감면세액	… 「조세특례제한법」상의 감면
	결정세액	
(+)	가산세	
	총결정세액	
(−)	기납부세액	… 양도소득과세표준 예정신고 산출세액
	차감납부세액	

4.2 양도가액 및 취득가액

양도가액 및 취득가액은 양도당시와 취득당시의 실지거래가액에 의하여 계산한다. 다만, 양도 또는 취득 당시의 실지거래가액의 확인을 위하여 필요한 증명서류가 미비된 경우 등의 경우에는 다음과 같이 시가에 근접한 것부터 순차로 적용하여 산정한 추계에 의한 가액에 의한다.

> ① 매매사례가액 → ② 감정가액 → ③ 환산한 취득가액* → ④ 기준시가

* '환산한 취득가액'이란 다음 금액을 말한다(양도가액은 환산 불가).

$$\text{환산한 취득가액} = \frac{\text{양도당시의 실지거래가액}\cdot}{\text{매매사례가액}\cdot\text{감정가액}} \times \frac{\text{취득당시의 기준시가}}{\text{양도당시의 기준시가}}$$

4.3 필요경비

필요경비의 구성항목은 다음과 같다.

실지거래가액에 의하는 경우	추계 등의 경우	
	취득가액을 매매사례가액, 감정가액, 기준시가로 하는 경우	취득가액을 환산가액으로 하는 경우
• ① + ② + ③ ① 취득가액(실지거래가) ② 자본적지출액 ③ 양도비용	• ① + ② ① 취득가액(매매사례가액, 감정가액, 기준시가) ② 필요경비개산공제*	• max(①, ②) ① 취득가액(환산가액)+필요경비개산공제* ② 자본적지출액+양도비용

* 여기서 필요경비개산공제란 자본적지출액 · 양도비용에 상응하는 금액을 정부에서 개략적으로 계산하여 공제하는 금액을 말하며, 자산별로 다음과 같이 "취득당시 기준시가×일정률"로 계산한다.

구 분	필요경비개산공제액
① 토 지	취득당시 개별공시지가 × 3%(미등기자산 : 0.3%)
② 건 물	취득당시 국세청장이 산정 · 고시한 가액 × 3%(미등기자산 : 0.3%)
③ 지상권 · 전세권과 등기된 부동산임차권	취득당시 기준시가 × 7%(미등기자산 : 1%)
④ "①" ~ "③" 외의 자산	취득당시 기준시가 × 1%

4.4 장기보유특별공제

(1) 적용대상자산

장기보유특별공제는 다음 자산의 양도에 대하여 적용한다.

① 토지 · 건물로서 보유기간 3년 이상인 것. 다만, 미등기양도자산 및 조정대상지역에 있는 주택으로서 1세대 2주택 이상에 해당하는 주택은 제외한다(예외 있음).

② 조합원입주권(조합원으로부터 취득한 것은 제외). 단, 법령으로 정한 관리처분계획 및 사업시행계획 인가 전 토지분 또는 건물분의 양도차익으로 한정한다.

(2) 장기보유특별공제액

장기보유특별공제액은 자산별로 다음과 같이 계산한다.

① 1세대1주택 외 자산 : 양도차익 × 다음의 공제율*

* 3년 이상 ~ 15년 미만 : 보유연수×2%, 15년 이상 : 30%

② 1세대1주택(고가주택과 같이 비과세 요건을 갖추지 못한 1세대 1주택을 말하며, 보유기간 3년 이상 중 거주기간이 2년 이상인 것에 한하여 적용) :

양도차익 × 보유기간별 공제율*1 + 양도차익 × 거주기간별 공제율*2

*1 보유기간 3년 이상 ~ 10년 미만 : 보유연수×4%, 10년 이상 : 40%

*2 거주기간 2년 이상(보유기간 3년 이상인 것에 한정함) ~ 10년 미만 : 거주연수×4%, 10년 이상 : 40%

취 지 수년간 형성된 소득을 한번에 과세하면서 발생하는 결집효과를 완화하기 위하여 장기보유특별공제를 적용한다.

4.5 양도소득기본공제

양도소득이 있는 거주자에 대하여는 다음의 그룹별로 해당 과세기간의 양도소득금액에서 각각 연 250만원을 공제한다. 다만, 토지 · 건물 · 부동산에 관한 권리로서 미등기양도자산에 대하여는 양도소득기본공제를 적용하지 아니한다.

〈1그룹〉 토지 · 건물, 부동산에 관한 권리, 기타자산

〈2그룹〉 일반 주식

〈3그룹〉 파생상품

〈4그룹〉 신탁수익권

4.6 양도소득세율

(1) 세율

다음의 세율을 적용하되, 하나의 자산이 다음 세율 중 둘 이상에 해당할 때에는 해당 세율을 적용하여 계산한 양도소득 산출세액 중 큰 것을 그 세액으로 한다.

<table>
<tr><th colspan="3">구 분</th><th>세 율</th></tr>
<tr><td rowspan="8">(1) 토지·건물·부동산에 관한 권리</td><td rowspan="2">① 원칙</td><td>분양권</td><td>60%</td></tr>
<tr><td>위 외의 자산</td><td>기본세율*</td></tr>
<tr><td rowspan="2">② 보유기간 1년 이상 2년 미만인 것</td><td>주택(부수토지 포함), 조합원입주권, 분양권</td><td>60%</td></tr>
<tr><td>위 외의 자산</td><td>40%</td></tr>
<tr><td rowspan="2">③ 보유기간 1년 미만인 것</td><td>주택(부수토지 포함), 조합원입주권, 분양권</td><td>70%</td></tr>
<tr><td>위 외의 자산</td><td>50%</td></tr>
<tr><td colspan="2">④ 비사업용토지</td><td>기본세율*에 10%를 더한 세율</td></tr>
<tr><td colspan="2">⑤ 미등기자산</td><td>70%</td></tr>
<tr><td rowspan="2">(2) 기타자산</td><td colspan="2">① 법정주식 A와 법정주식 B 중 해당 법인의 자산총액 중 비사업용토지가액이 50% 이상인 법인의 주식등</td><td>기본세율*에 10%를 더한 세율</td></tr>
<tr><td colspan="2">② 위 외의 자산</td><td>기본세율*</td></tr>
</table>

<table>
<tr><td rowspan="6">(3) 일반주식</td><td rowspan="4">국 내
주 식</td><td rowspan="2">대주주가 아닌 자가 양도하는 주식</td><td>① 중소기업 주식</td><td>10%</td></tr>
<tr><td>② 비중소기업 주식</td><td>20%</td></tr>
<tr><td rowspan="2">대주주가
양도하는 주식</td><td>③ 1년 미만 보유한 비중소기업 주식</td><td>30%</td></tr>
<tr><td>④ 위 외의 주식</td><td>• 과세표준 3억원 이하 : 20%
• 과세표준 3억원 초과 :
6천만원 + 3억원초과액 × 25%</td></tr>
<tr><td rowspan="2">국 외
주식등
(해 외
주 식)</td><td colspan="2">① 중소기업 주식</td><td>10%</td></tr>
<tr><td colspan="2">② 위 외의 주식</td><td>20%</td></tr>
<tr><td colspan="2">(4) 파생상품</td><td colspan="2"></td><td>10%</td></tr>
<tr><td colspan="2">(5) 신탁수익권</td><td colspan="2"></td><td>• 과세표준 3억원 이하 : 20%
• 과세표준 3억원 초과 :
6천만원 + 3억원초과액 × 25%</td></tr>
</table>

* 기본세율 : 종합소득 산출세액에서 계산시 적용하는 기본세율(6%~45%)을 말한다.

(2) 1세대 2주택 이상자 등에 대한 특례

조정대상지역에 있는 주택으로서 1세대 2주택 이상에 해당하는 주택을 양도하는 경우에는 기본세율에 법령으로 정한 세율을 더한 세율을 적용하는데, 이 내용은 세법개론에서 설명하기로 한다.

예제 양도소득세 산출세액

다음 자료를 기초로 건물이 등기된 경우와 미등기된 경우로 구분하여 양도소득 과세표준을 계산하시오.

1. 양도자산 내역
   (1) 취득일 및 양도일 : ×4년 3월 20일에 취득하여 ×9년 6월 4일에 양도하였다.
   (2) 실지거래가액
      ① 양도가액 : 30,000,000원
      ② 취득가액 : 10,000,000원
      ③ 양도비용 : 150,000원
2. 장기보유특별공제는 본문 설명을 참고할 것

해답

구 분	등기된 경우	미등기된 경우
양 도 가 액	30,000,000	30,000,000
필 요 경 비		
① 취 득 가 액	△10,000,000	△10,000,000
② 양 도 비 용	△150,000	△150,000
양 도 차 익	19,850,000	19,850,000
장기보유특별공제	△1,985,000 *1	— *2
양 도 소 득 금 액	17,865,000	19,850,000
양도소득기본공제	△2,500,000	— *2
과 세 표 준	15,365,000	19,850,000

*1 19,850,000 × 10%(5년 이상 6년 미만) = 1,985,000

*2 미등기양도자산이므로 장기보유특별공제와 양도소득기본공제를 적용하지 않는다(세율은 70%)

4.7 기납부세액 : 양도소득과세표준 예정신고산출세액

(1) 예정신고의 의미

양도소득과세표준 예정신고란 과세대상자산을 양도한 거주자가 양도소득과세표준을 확정신고기간 전에 미리 납세지 관할세무서장에게 신고하는 것을 말한다.

파생상품 및 국외주식등(해외주식)은 예정신고대상이 아니며, 그 밖의 자산에 대한 예정신고기한은 다음과 같다.

① 원칙 : 양도일이 속하는 달의 말일부터 2개월이내

② 일반 주식 : 양도일이 속하는 반기의 말일부터 2개월이내

③ 부담부증여의 채무액에 해당하는 부분으로서 양도로 보는 경우 : 양도일이 속하는 달의 말일부터 3개월 이내 ⇢ 증여세 신고기한과 동일하게 규정함

(2) 확정신고에 미치는 효과

예정신고를 한 자는 해당 소득에 대한 확정신고를 하지 아니할 수 있다. 다만, 해당 과세기간에 기본세율 적용대상 자산에 대한 예정신고를 2회 이상 한 자가 이미 신고한 양도소득금액과 합산하여 신고하지 아니한 경우에는 합산하여 확정신고를 하여야 하며, 이 경우 이미 납부한 예정신고납부세액은 기납부세액으로 차감한다.

제 4 편
법인세법

제 1 장

총 설

I. 과세대상소득과 납세의무자

1. 법인세의 의의

법인세란 법인이 얻은 소득을 과세대상으로 하여 법인이 납세의무를 지는 조세를 말한다.

* 소득에 대한 조세 : 세법에서는 개인이 얻은 소득에 대한 개인소득세를 "소득세", 법인이 얻은 소득에 대한 법인소득세를 "법인세"라고 한다.

2. 과세대상 소득에 따른 법인세의 분류

(1) 각 사업연도 소득에 대한 법인세

각 사업연도 소득에 대한 법인세란 법인이 각 사업연도에 얻은 소득을 과세대상으로 하는 법인세를 말한다.

① 세율 : 과세표준 2억원 이하분은 9%, 2억원 초과 200억원 이하분은 19%, 200억원 초과 3,000억원 이하분은 21%, 3,000억원 초과분은 24%*

* 다만, 성실신고확인대상 사업자인 "p196. 4)"의 법인의 경우에는 과세표준 200억 이하분은 19%, 200억원 초과 3,000억원 이하분은 21%, 3,000억원 초과분은 24%를 적용한다.

② 신고 · 납부기한 : 각 사업연도 종료일이 속하는 달의 말일부터 3개월 이내

사례 사업연도가 1월 1일부터 12월 31일인 경우 다음연도 3월 31일이 신고 · 납부기한

(2) 토지 등 양도소득에 대한 법인세

부동산의 양도로 인한 소득에 대해서도 각 사업연도 소득에 대한 법인세가 과세되는데, 법인의 부동산 투기방지를 위하여 법령으로 정하는 주택 및 별장, 비사업용토지, 주택을 취득할 수 있는 권리로서 조합원입주권 및 분양권의 양도소득에 대해서는 각 사업연도 소득에 대한 법인세에 추가하여 '토지 등 양도소득에 대한 법인세'가 이중으로 과세된다.

① 세율 : 주택 및 별장은 20%(미등기자산은 40%), 비사업용토지는 10%(미등기자산은 40%), 조합원입주권 및 분양권은 20%

② 신고 · 납부기한 : 각 사업연도 소득에 대한 법인세 신고 · 납부기한과 동일하며, 각 사업연도소득에 대한 법인세와 함께 신고 · 납부한다.

(3) 미환류소득에 대한 법인세(투자 · 상생협력 촉진을 위한 과세특례를 적용하여 계산한 법인세)

법령으로 정한 요건을 충족한 법인의 기업소득을 투자, 임금증가 등에 활용하도록 유도하기 위하여 투자, 임금증가 등이 당기 소득의 일정액에 미달하는 경우 그 미달액을 미환류소득으로 보아 각 사업연도 소득에 대한 법인세에 추가하여 과세한다.

① 세율 : 20%

② 신고 · 납부기한 : 각 사업연도 소득에 대한 법인세 신고 · 납부기한과 동일하며, 각 사업연도소득에 대한 법인세와 함께 신고 · 납부한다.

(4) 청산소득에 대한 법인세

각 사업연도 소득에 대한 법인세가 매 사업연도 단위로 과세하는 법인세인 데 비해, 청산소득에 대한 법인세란 법인이 해산으로 인하여 청산할 때 발생하는 청산소득을 과세대상으로 하여 청산할 때 단 1회 과세하는 법인세를 말한다.

① 세율 : 각 사업연도 소득에 대한 법인세의 세율과 동일하다[이유 : 각 사업연도 소득으로 과세되지 않은 소득을 청산시 과세하는 것이기 때문].

② 신고 · 납부기한 : 잔여재산가액확정일이 속하는 달의 말일부터 3개월 이내

3. 법인세 납세의무자

(1) 내국법인과 외국법인

1) 내국법인

내국법인이란 본점, 주사무소 또는 사업의 실질적 관리장소가 국내에 있는 법인을 말한다.

내국법인은 소득발생지와 무관하게 국내는 물론 국외원천소득을 포함한 전세계 모든 소득에 대하여 각 사업연도 소득에 대한 법인세 납세의무를 진다 → 무제한 납세의무자

2) 외국법인

외국법인이란 본점 또는 주사무소가 외국에 있는 단체(사업의 실질적 관리장소가 국내에 있지 아니하는 경우만 해당한다)로서 법령으로 정하는 기준에 해당하는 법인을 말한다.

외국법인은 「법인세법」에 열거된 국내원천소득에 대하여만 각 사업연도 소득에 대한 법인세 납세의무를 진다. → 제한 납세의무자

(2) 영리법인과 비영리법인

영리를 목적으로 설립한 법인을 영리법인이라 하며, 학술 · 종교 · 자선 기타 영리 아닌 사업을 목적으로 설립된 법인을 비영리법인이라고 한다.

영리법인은 소득발생의 원천을 따지지 않고 모든 소득에 대하여 각 사업연도소득에 대한 법인세 납세의무를 진다. 이에 비해 비영리법인은 소득발생의 원천을 따져 「법인세법」에 열거된 수익사업에서 생기는 소득에 대하여만 각 사업연도 소득에 대한 법인세 납세의무를 진다.

4. 법인의 분류에 따른 법인세 납세의무

<table>
<tr><th colspan="2">구 분</th><th>각 사업연도 소득에 대한 법인세</th><th>토지 등 양도소득에 대한 법인세</th><th>미환류소득 · 청산소득에 대한 법인세</th></tr>
<tr><td rowspan="2">내국법인</td><td>영리법인</td><td>국내외의 모든 소득</td><td rowspan="4">과 세*2</td><td>과 세</td></tr>
<tr><td>비영리법인</td><td>국내외의 수익사업소득</td><td rowspan="3">과세하지 아니함*3</td></tr>
<tr><td rowspan="2">외국법인</td><td>영리법인</td><td>국내원천소득</td></tr>
<tr><td>비영리법인</td><td>국내원천 수익사업소득</td></tr>
<tr><td colspan="2">국가 · 지방자체단체 · 지방자치단체조합*1</td><td colspan="3">과세하지 아니함</td></tr>
</table>

*1 국가와 지방자치단체 · 지방자치단체조합은 법인세를 납부할 의무가 없다. 이에 비하여 외국의 정부 · 지방자치단체는 비과세법인이 아닌 비영리외국법인으로 본다.

*2 토지 등 양도소득에 대한 법인세는 투기방지 목적의 법인세이므로 내국법인 · 외국법인, 영리법인 · 비영리법인을 불문하고 과세한다.

*3 **취 지** 비영리법인과 외국법인에 대하여 청산소득에 대한 법인세를 과세하지 않는 이유

① 비영리법인의 경우 : 비영리법인이 청산하는 경우에는 잔여재산을 구성원에게 분배할 수 없고 다른 비영리법인 등 지정된 자 또는 국고에 귀속시키기 때문이다.

② 외국법인의 경우 : 본점소재지인 외국에서 청산하기 때문에 우리나라에서 청산소득에 대한 법인세를 과세할 수 없다.

Ⅱ 사업연도와 납세지

1. 사업연도

사업연도란 법인의 과세소득을 계산하는 일정한 기간단위를 말한다.

내국법인의 사업연도는 다음과 같다.

구 분	사 업 연 도
① 원 칙	법령이나 법인의 정관 등에서 정하는 1회계기간을 사업연도로 하되, 그 기간은 1년을 초과하지 못한다.
② "①"의 법령 · 정관 등에 사업연도의 규정이 없는 경우	따로 사업연도를 정하여 법인설립신고 또는 사업자등록과 함께 납세지 관할세무서장에게 사업연도를 신고하여야 한다.
③ "②"의 신고도 없는 경우	매년 1월 1일부터 12월 31일까지를 사업연도로 한다.

2. 납세지

(1) 의 의

법인세는 납세지를 관할하는 세무서장 또는 지방국세청장이 과세한다. 여기서 납세지란 납세의무자가 법인세의 납세의무 등의 의무를 이행하거나 정부가 법인세를 부과 · 징수하는 기준이 되는 장소를 말한다.

(2) 내국법인의 납세지

법인의 등기부에 따른 본점이나 주사무소의 소재지(국내에 본점이나 주사무소가 있지 아니하는 경우에는 사업을 실질적으로 관리하는 장소 소재지)를 납세지로 한다.

(3) 납세지의 지정

납세지가 법인의 납세지로 적당하지 아니하다고 인정되는 경우로서 법령에 정한 경우에는 관할지방국세청장(새로이 지정될 납세지가 관할을 달리하는 때에는 국세청장)이 그 납세지를 지정할 수 있다.

납세지를 지정한 때에는 해당 사업연도 종료일로부터 45일 이내에 지정통지를 하여야 하며, 이 기한 내에 통지하지 아니한 경우에는 종전의 납세지를 납세지로 한다.

(4) 납세지의 변경

납세지가 변경된 경우에는 그 변경된 날로부터 15일 이내에 변경 후의 납세지 관할세무서장에게 변경신고를 하여야 한다.

제 2 장

법인세의 계산구조 및 세무조정과 소득처분

1절 법인세 계산구조

구 분	계 산 구 조	비 고
1. 각사업연도 소득 금액의 계산	결산서상 당기순이익 (+)익금산입 및 손금불산입 (−)손금산입 및 익금불산입 차가감소득금액 (+)기부금한도초과액 (−)기부금한도초과이월액의 손금산입 각사업연도소득금액	… 회계상 소득 ↓ 세무조정으로 차이조정 … 세법상 소득
2. 과세표준의 계산	각사업연도소득금액 (−)이월결손금 (−)비과세소득 (−)소득공제 과세표준	… 15년(2020. 1. 1. 전에 개시하는 사업연도에서 발생한 결손금은 10년) 이내 발생한 세법상 이월결손금
3. 산출세액의 계산	과세표준 (×) 세율 산출세액	
4. 차감납부 세액의 계산	산출세액 (−)감면·공제세액 (+)가산액 (+)감면분추가납부세액 총부담세액 (−)기납부세액 차감납부할세액	… 중간예납세액 · 원천징수세액 · 수시부과세액 (기납부세액)

2절 세무조정

I. 과세대상소득의 범위

1. 학 설

어떤 소득을 과세대상소득으로 볼 것인가에 대한 학설에는 다음의 두 가지가 있다.

① 소득원천설 : 사업 또는 재산과 같은 일정한 원천으로부터 계속적 · 경상적으로 발생하는 소득만을 과세대상소득으로 하고 일시적 · 우발적 소득은 과세소득에서 제외한다는 학설

② 순자산증가설 : 계속적 · 경상적으로 발생하는 소득뿐만 아니라 일시적 · 우발적으로 발생하는 소득이라도 순자산을 증가시키는 소득은 모두 과세소득으로 보는 학설

2. 우리나라 법인세

순자산증가설을 채택하고 있다. 따라서 소득발생원천이나 소득의 종류 및 계속적 발생 여부를 묻지 않고 순자산을 증가시키는 것은 모두 과세소득에 포함하며, 법령에 과세대상이 아니라고 규정한 것 외에는 과세소득에 포함한다*.

* 법령에 별도로 과세소득이 아니라고 규정된 것을 제외하고는 모두 과세하는 방식을 포괄주의 방식이라고 한다. 「법인세법」은 포괄주의 방식을 채택하고 있다.

Ⅱ 세무조정

1. 의 의

법인의 각 사업연도 소득은 익금총액에서 손금총액을 공제하여 계산한다.

그런데 이는 개념상의 계산일 뿐이며, 실제 계산에 있어서는 결산서상 당기순이익을 출발점으로 기업회계와 세법상의 차이를 조정하여 각 사업연도의 소득금액을 계산한다.

이러한 조정과정을 세무조정이라 하며, 다음과 같다.

〈1단계〉 회사의 결산서		〈3단계〉 세무조정 회사의 결산서와 세법과의 차이조정		〈2단계〉 세 법
수 익	…	(+) 익금산입*1 (−) 익금불산입*2	…	익 금
(−) 비 용	…	(+) 손금산입*3 (−) 손금불산입*4	…	(−) 손 금
당기순이익 (회계상 소득)	…	(+) 익금산입 및 손금불산입 (−) 손금산입 및 익금불산입	…	각사업연도소득금액 (세법상 과세소득)

*1 익금산입 : 회사의 결산서상 수익으로 계상되어 있지 아니하나 세법상은 익금인 것을 (+)한다.

*2 익금불산입 : 회사의 결산서상 수익으로 계상되어 있지만 세법상은 익금이 아닌 것을 (−)한다.

*3 손금산입 : 회사의 결산서상 비용으로 계상되어 있지 아니하나 세법상은 손금인 것을 (+)한다.

*4 손금불산입 : 회사의 결산서상 비용으로 계상되어 있지만 세법상은 손금이 아닌 것을 (−)한다.

2. 세무조정의 유형 : 결산조정과 신고조정

세무조정은 그 성격에 따라 다음과 같이 결산조정과 신고조정으로 구분할 수 있다.

경우	기업회계		세법	세무조정유형
1	수익	〉	익금	익금불산입으로 신고조정
2	수익	〈	익금	익금산입으로 신고조정
3	비용	〉	손금	손금불산입으로 신고조정
4	비용	〈	손금	① 비용의 과목이 결산조정항목인 경우 : 세무조정할 수 없음(즉, 손금산입으로 신고조정불가)* ② 결산조정항목이 아닌 경우 : 손금산입으로 신고조정

* 사례 : 결산조정항목인 감가상각비의 세법상 한도액은 100인데, 회사가 결산서에 비용계상한 감가상각비가 80인 경우 결산서에 계상한 80만 손금으로 인정하며, 결산서에 계상하지 않은 20은 손금산입 할 수 없다.

(1) 결산조정

1) 의 의

결산조정사항이란 회사가 결산서에 손비(손실과 비용을 말한다)로 계상한 경우에만 세법에서도 손금으로 인정하며, 회사가 결산서에 손비로 계상하지 않은 경우에는 세무조정으로 손금에 산입할 수 없는 항목을 말한다. 즉, 법인에게 손금산입 여부의 선택권이 부여된 항목이다(임의계상항목).

충당금 · 감가상각비 등과 같이 내부적인 계상항목들이 결산조정항목에 해당한다.

2) 범 위

다음 항목은 결산조정사항이다. 다만, 각 항목별로 신고조정을 강제 또는 허용하는 예외가 있다.

구 분	결 산 조 정
충 당 금	① 대손충당금 ② 퇴직급여충당금 ③ 구상채권상각충당금 ④ 일시상각충당금 (비상각자산은 압축기장충당금)
준 비 금	① 「조세특례제한법」상 준비금 ② 「법인세법」상 준비금
감 가 상 각 비	
자 산 의 평 가 차 손 등	① 천재지변, 화재, 법령에 의한 수용, 채굴예정량의 채진으로 인한 폐광으로 인한 유형자산의 평가차손 ② 파손 · 부패로 인한 재고자산의 평가차손 ③ 주식 등을 발행한 법인이 파산한 경우 등 법에서 정하는 일정한 주식의 평가차손(1,000원 제외) ④ 시설개체 · 기술낙후로 인한 생산설비의 폐기손실(1,000원 제외) ⑤ 사업의 폐지 또는 사업장의 이전으로 임대차계약에 따라 임차한 사업장의 원상회복을 위하여 시설물을 철거하는 경우 폐기손실(1,000원 제외)
대 손 금	회수불가능한 매출채권의 대손금

(2) 신고조정

결산조정사항 외의 사항은 모두 신고조정사항이다.

주로 외부와의 거래와 관련된 것으로서, 결산서상 수익 · 비용 계상액이 세법상 익금 · 손금으로 계상하여야 할 금액과 차이가 나는 경우 세무조정을 하여야 한다.

(3) 차이 비교

구 분	결산조정	신고조정
개 념	결산서에 손비로 계상한 경우에 한해 손금으로 인정되는 항목	결산서에 계상여부와 무관하게 손금·익금으로 인정되는 항목
대 상	위 "(1). 2)"의 항목(충당금·감가상각비 등 내부적인 계상항목)	결산조정 이외의 항목
성 격	임의계상항목(손금산입여부에 대해 법인에게 선택권 부여된 항목 → 손금인정 받고 싶으면 결산서에 계상하면 됨)	강제계상항목(일부 임의계상항목 있음)
손익귀속시기	결산서에 계상한 사업연도 → ∴ 귀속시기 조절 가능	세법에 규정된 사업연도 → ∴ 귀속시기 선택 불가

사 례 각 항목별 세무조정

① 감가상각비 비용계상액은 100, 세법상 한도액은 120인 경우 : 감가상각비는 결산조정사항이므로 결산서에 계상하지 않은 경우 세무조정 못함

② 매출액 100을 수익으로 계상하지 않은 경우 : 결산조정사항이 아니므로 반드시 익금산입 100의 세무조정을 하여야 함

③ 기업업무추진비 비용계상액은 100, 세법상 한도액은 90인 경우 : 한도초과액 10을 손금불산입하여야 함

Ⅲ 소득처분

1. 개 요

소득처분이란 세무조정금액에 대하여 다음과 같이 그 귀속을 확정하는 절차를 말한다.

① 세무조정금액이 법인 외부로 유출되었으면 "사외유출"로 처분하며, 이 금액이 누구에게 어떤 소득의 형태로 귀속되었는지를 확정한 후 그 귀속자의 소득세 과세자료로 활용한다.

② 세무조정금액이 법인 내부에 남아서 회계와 세법간에 자산·부채의 차이를 유발하면 "유보"로 처분하며, 이를 회계상 자본에 가감하여 세법상 자본을 계산하는 데 사용한다.

③ 유보도 사외유출도 아닌 것은 "기타"로 처분하여 사후관리하지 아니한다.

그림 세무조정과 소득처분과정의 이해

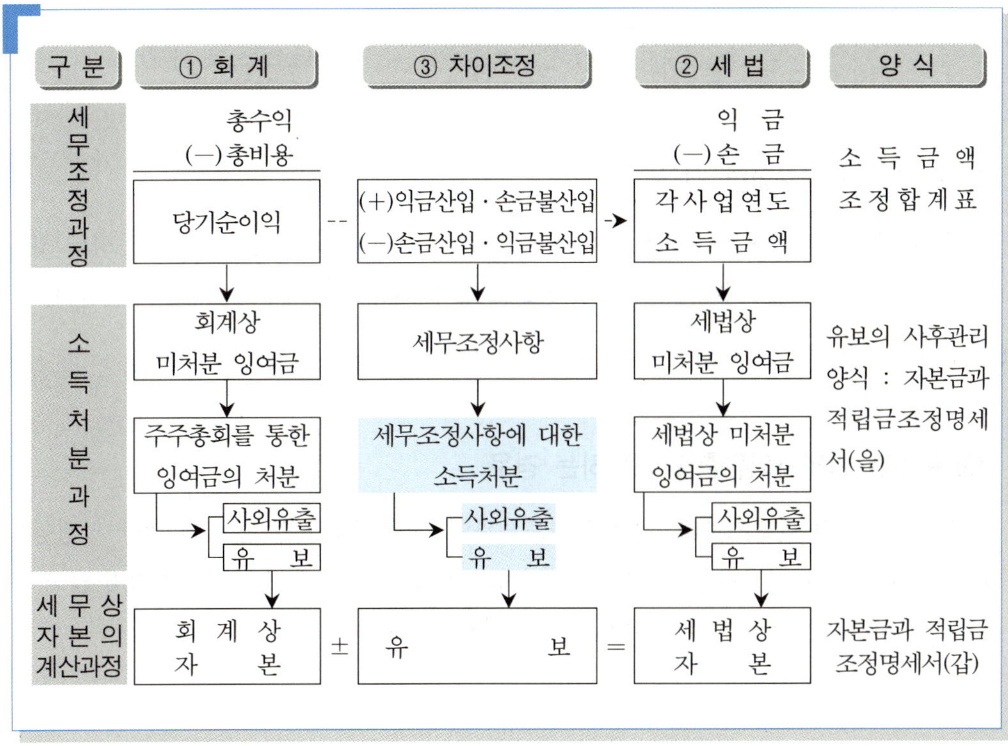

2. 사외유출

사외유출이란 익금산입·손금불산입한 금액이 법인 외부로 유출된 것이 명백한 경우 그 유출된 소득의 귀속자를 파악하여 귀속자에 대하여 관련되는 소득세를 징수하기 위하여 행하는 소득처분이다.

(1) 귀속자가 분명한 경우

귀속자	소득처분	귀속자에 대한 소득세 과세여부
① 주주(출자임원·출자직원 제외)인 경우	배당	○ (인정배당이라 하며, 배당소득으로 과세)
② 임원 또는 직원인 경우	상여	○ (인정상여라 하며, 근로소득으로 과세)
③ 법인·개인사업자, 국가·지방자치단체인 경우	기타사외유출	× (사후관리 불필요함)
④ 위 외의 자인 경우	기 타 소 득	○ (기타소득으로 과세)

(2) 귀속자가 불분명한 경우

증빙이 없는 경비 등 회사 외부로 유출된 것이 분명하지만 그 귀속자가 불분명한 경우에는 해당 법인의 대표자에게 귀속된 것으로 보아 대표자에 대한 상여로 처분한다.

취 지 귀속을 밝히지 못한 책임을 대표자에게 묻기 위함이다.

(3) 무조건 기타사외유출로 처분하는 경우

기업업무추진비 한도초과액, 기부금 한도초과액, 간주임대료 등 법령에 정한 일정항목의 경우 그 성격상 실질귀속자를 밝히기 어려운 점을 감안하여 귀속자를 따지지 않고 무조건 기타사외유출로 처분하여 사후관리를 하지 아니한다.

(4) 추계결정의 경우

추계(推計)란 장부 · 증빙 등이 불비되어 과세관청이 소득금액을 추정하여 계산하는 것을 말한다.

추계시에는 "추계에 의하여 결정된 과세표준"과 "결산서상 법인세비용차감전순이익"과의 차액을 대표자에 대한 상여로 처분한다. 다만, 천재지변 등으로 부득이하게 장부나 그 밖의 증명서류가 멸실되어 추계결정하는 경우에는 기타사외유출로 처분한다.

취 지 장부 불비의 책임을 대표자에게 묻되, 천재지변 등 부득이한 경우까지 사후관리하지 않기 위함

사 례 소득처분 사례 : 업무와 무관하게 100을 지출하고 결산서에 비용처리한 금액의 귀속자가 다음과 같은 경우 세무조정 및 소득처분

① 회사의 임원인 경우 : 100손금불산입(상여)
② 임직원이 아닌 개인주주인 경우 : 100손금불산입(배당)
③ 다른 법인인 경우 : 100손금불산입(기타사외유출)
④ 개인주주의 형인 경우 : 100손금불산입(기타소득)

3. 유보(또는 △유보)

(1) 의 의

유보란 세무조정한 금액이 회사 외부로 유출되지 않고 회사 내부에 남아 있는 것으로서 결산서상 자산·부채와 세법상 자산·부채의 차이를 유발하는 것에 대해 행하는 소득처분이다. → 자산계정과 부채계정에 영향을 미치는 세무조정사항은 모두 유보(또는 △유보)로 처분하면 됨

(2) 사후관리

자산과 부채는 미래에 손익으로 대체되므로 회계상과 세법상의 자산·부채의 차이는 영구적인 차이가 아닌 일시적인 차이에 불과할 뿐이며, 당기 이후 언젠가는 그 차이가 조정된다. 따라서 당기에 유보(또는 △유보)로 소득처분된 사항은 당기 이후 언젠가는 반드시 반대의 세무조정과 소득처분이 발생하게 되어 소멸(추인)된다.

그러므로 당기에 유보(또는 △유보)로 소득처분된 세무조정사항이 발생하게 되면 당기 이후 일정요건이 충족되어 소멸(추인)될 때까지 이를 사후관리하여야 한다. 이와 같은 유보의 사후관리의 필요에 따라 작성하는 표가 "자본금과 적립금조정명세서(을)"표이다.

예제 유 보

(주)우리경영은 ×1년에 토지 100을 취득하면서 취득세 4를 납부하고 100은 토지로, 4는 비용으로 회계처리하였다. ×2년에 그 토지를 120에 양도하고 처분이익을 계상한 경우 ×1년과 ×2년의 세무조정(소득처분 포함)을 하고, 소득금액조정합계표 및 자본금과 적립금 조정명세서(을)표를 작성하시오.

해답

1. 세무조정

구 분	×1년	×2년
회 사	(차) 토 지 100 / 비 용 4 (대) 현 금 104	(차) 현 금 120 (대) 토 지 100 / 이 익 20
세 법	(차) 토 지 104 (대) 현 금 104	(차) 현 금 120 (대) 토 지 104 / 이 익 16
수 정	(차) 토 지 4 (대) 비 용 4 ↳ 유보 ← 4 손금불산입	(차) 이 익 4 (대) 토 지 4 ↳ 4 익금불산입 → △ 유보
세무조정	〈손금불산입〉 토지 4 (유보)	〈익금불산입〉 토지 4 (유보)

유보의 추인

2. 소득금액조정합계표

(1) ×1년

익금산입 · 손금불산입			손금산입 · 익금불산입		
과 목	금 액	처 분	과 목	금 액	처 분
토 지	4	유보			

(2) ×2년

익금산입 · 손금불산입			손금산입 · 익금불산입		
과 목	금 액	처 분	과 목	금 액	처 분
			토 지	4	△유보

3. 자본금과 적립금 조정명세서(을)

(1) ×1년

과 목	기초잔액	당기중 증감		기말잔액
		감 소	증 가	
토 지	0	0	4	4

(2) ×2년

과 목	기초잔액	당기중 증감		기말잔액
		감 소	증 가	
토 지	4	4*	0	0

* 비록 ×2년의 세무조정은 익금불산입(△유보)이나 전기 유보의 추인이므로 감소란에 △4가 아닌 4로 기재한다.

4. 기 타

다음의 경우에는 기타로 처분하며, 이와 같이 기타로 처분한 것에 대하여는 별도로 사후관리하지 아니한다.

① 익금산입 · 손금불산입으로 세무조정한 금액 중 사외로 유출된 것도 아니고 유보(회계상 자산 · 부채와 세법상 자산 · 부채와의 차이를 유발하는 것)도 아닌 것

② 손금산입 · 익금불산입으로 세무조정한 금액 중 △유보(회계상 자산 · 부채와 세법상 자산 · 부채의 차이를 유발하는 것)가 아닌 것

※ [정리] 소득처분 방법

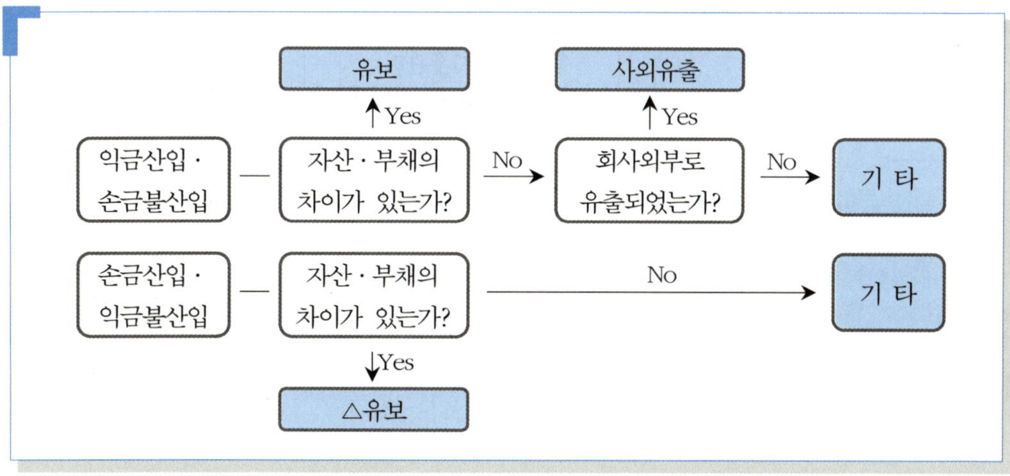

Ⅳ. 세무조정 · 소득처분과 세무조정계산서

지금까지 설명한 세무조정 및 소득처분과 관련하여 실무에서 작성하는 주요 세무조정계산서의 작성단계를 설명하면 다음과 같다.

» 그림 세무조정계산서 작성단계

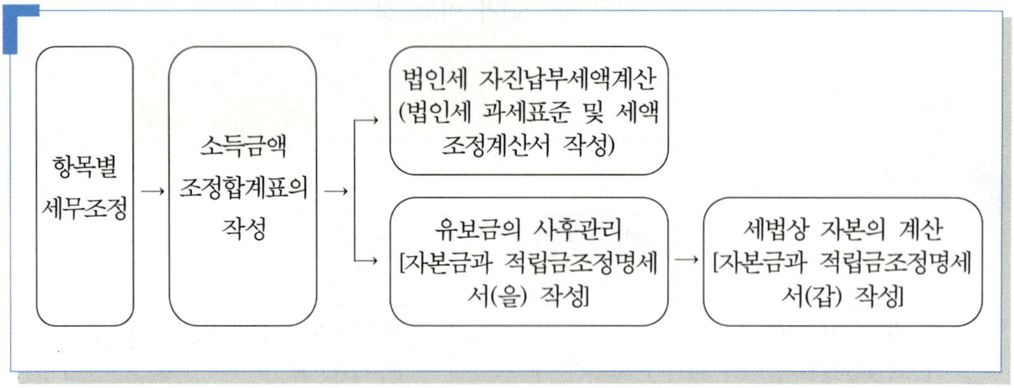

--→ 실무에서 세무조정내역과 소득처분을 기재하는 서식으로 모든 세무조정이 이 표에 기재되나, 기부금한도초과액에 대한 손금불산입액과 기부금한도초과이월액의 손금산입액은 이 표에는 기재되지 아니함에 유의할 것

【별지 제15호 서식】

(앞 쪽)

사 업 연 도	소 득 금 액 조 정 합 계 표		법 인 명
사업자등록번호		법인등록번호	

익금산입 및 손금불산입				손금산입 및 익금불산입			
① 과 목	② 금 액	③ 소득처분		④ 과 목	⑤ 금 액	⑥ 소득처분	
		처분	코드			처분	코드
합 계				합 계			

↳ 다음 page (102)란에 이기함

↳ 다음 page (103)란에 이기함

실무에서 세무서에 신고하는 법인세계산서 양식임

【별지 제3호 서식】

사 업 연 도	법인세과세표준 및 세액조정계산서		법 인 명
사업자등록번호		법인등록번호	

구분	항목	코드	금액
① 각 사업연도 소득계산	(101) 결산서상당기순손익	01	
	소득조정 금액 (102) 익금산입	02	
	소득조정 금액 (103) 손금산입	03	
	(104) 차가감소득금액 (101+102-103)	04	
	(105) 기부금한도초과액	05	
	(106) 기부금한도초과이월액손금산입	54	
	(107) 각사업연도소득금액 (104+105-106)	06	

구분	항목	코드	금액
② 과세표준계산	(108) 각사업연도소득금액 (108 = 107)		
	(109) 이 월 결 손 금	07	
	(110) 비 과 세 소 득	08	
	(111) 소 득 공 제	09	
	(112) 과 세 표 준 (108-109-110-111)	10	

항목	코드	금액
(159) 선 박 표 준 이 익	55	

구분	항목	코드	금액
③ 산출세액계산	(113) 과 세 표 준 (113 = 112)		
	(114) 세 율	11	
	(115) 산 출 세 액	12	
	(116) 지점유보소득(법제96조)	13	
	(117) 세 율	14	
	(118) 산 출 세 액	15	
	(119) 합 계(115 + 118)	16	

구분	항목	코드	금액
④ 납부할세액계산	(120) 산 출 세 액 (120 = 119)		
	(121) 최저한세 적용대상 공제감면세액	17	
	(122) 차 감 세 액	18	
	(123) 최저한세 적용제외 공제감면세액	19	
	(124) 가 산 세 액	20	
	(125) 가 감 계 (122-123+124)	21	
	기납부세액 기한내납부세액 (126) 중간예납세액	22	
	기납부세액 기한내납부세액 (127) 수시부과세액	23	
	기납부세액 기한내납부세액 (128) 원천납부세액	24	
	기납부세액 기한내납부세액 (129) 간접투자회사등의 외국납부세액	25	
	기납부세액 기한내납부세액 (130) 소 계 (126+127+128+129)	26	
	기납부세액 (131) 신고납부전가산세액	27	
	기납부세액 (132) 합 계(130+131)	28	

항목	코드	금액
(133) 감면분추가납부세액	29	
(134) 차감납부할세액 (125-132+133)	30	

구분	항목	코드	금액
⑤ 토지등 양도소득에 대한 법인세 계산	양도차익 (135) 등 기 자 산	31	
	양도차익 (136) 미 등 기 자 산	32	
	(137) 비 과 세 소 득	33	
	(138) 과 세 표 준 (135+136-137)	34	
	(139) 세 율	35	
	(140) 산 출 세 액	36	
	(141) 감 면 세 액	37	
	(142) 차 감 세 액 (140-141)	38	
	(143) 공 제 세 액	39	
	(144) 동업기업 법인세 배분액 (가산세 제외)	58	
	(145) 가산세액 (동업기업 배분액 포함)	40	
	(146) 가 감 계 (142-143+144+145)	41	
	기납부세액 (147) 수시부과세액	42	
	기납부세액 (148) ( ) 세 액	43	
	기납부세액 (149) 계 (147+148)	44	
	(150) 차감납부할세액 (146-149)	45	

구분	항목	코드	금액
⑥ 미환류소득법인세	(161) 미 환 류 소 득	59	
	(162) 세 율	60	
	(163) 산 출 세 액	61	
	(164) 가 산 세 액	62	
	(165) 기 납 부 세 액	63	
	(166) 납 부 할 세 액 (163+164-165)	64	

구분	항목	코드	금액
⑦ 세액계	(151) 차감납부할세액계 (134+150)	46	
	(152) 사실과 다른 회계처리 경정세액 공제	57	
	(153) 분납세액계산범위액 (151-124-133-145-152+131)	47	
	분납할세액 (154) 현 금 납 부	48	
	분납할세액 (155) 물 납	49	
	분납할세액 (156) 계(154+155)	50	
	차감납부세액 (157) 현 금 납 부	51	
	차감납부세액 (158) 물 납	52	
	차감납부세액 (159) 계(157+158) (159=151-152-156)	53	

소득금액조정합계표상 ③과 ⑥의 처분이 유보 또는 △유보로 되는 사항을 사후관리하는 서식임

【별지 제50호 서식(을)】

사 업 연 도		자 본 금 과 적 립 금 조 정 명 세 서 (을)	법인명	

※ 표란은 납세자가 기입하지 마십시오.

사업자등록번호 □□□-□□-□□□□□

※ 관리번호 □□-□□

세무조정유보소득계산

① 과목 또는 사 항	② 기 초 잔 액	당 기 중 증 감		⑤ 기 말 잔 액 (익기초현재)	비 고
		③ 감소	④ 증 가		
계					

다음 page '7'에 이기함

【별지 제50호 서식(갑)】 ▶ 세법상 자본을 계산하는 서식임

<table>
<tr><td>사 업
연 도</td><td>. . .
~
. . .</td><td>자본금과적립금조정명세서(갑)</td><td>법 인 명</td><td></td></tr>
<tr><td></td><td></td><td></td><td>사업자등록번호</td><td></td></tr>
</table>

<table>
<tr><td colspan="9">Ⅰ. 자본금과 적립금명세서</td></tr>
<tr><td colspan="2" rowspan="2">① 과목 또는 사항</td><td rowspan="2">코드</td><td rowspan="2">② 기 초 잔 액</td><td colspan="2">당 기 중 증 감</td><td rowspan="2">⑤ 기 말 잔 액</td><td rowspan="2">비 고</td></tr>
<tr><td>③ 감소</td><td>④ 증 가</td></tr>
<tr><td rowspan="11">자본금및잉여금등의계산</td><td>1. 자 본 금</td><td>01</td><td></td><td></td><td></td><td></td><td></td></tr>
<tr><td>2. 자 본 잉 여 금</td><td>02</td><td></td><td></td><td></td><td></td><td></td></tr>
<tr><td>3. 자 본 조 정</td><td>14</td><td></td><td></td><td></td><td></td><td></td></tr>
<tr><td>4. 기타포괄손익누계액</td><td>15</td><td></td><td></td><td></td><td></td><td></td></tr>
<tr><td>5. 이 익 잉 여 금</td><td>16</td><td></td><td></td><td></td><td></td><td></td></tr>
<tr><td></td><td>17</td><td></td><td></td><td></td><td></td><td></td></tr>
<tr><td></td><td></td><td></td><td></td><td></td><td></td><td></td></tr>
<tr><td></td><td></td><td></td><td></td><td></td><td></td><td></td></tr>
<tr><td></td><td></td><td></td><td></td><td></td><td></td><td></td></tr>
<tr><td></td><td></td><td></td><td></td><td></td><td></td><td></td></tr>
<tr><td>6. 계</td><td>20</td><td></td><td></td><td></td><td></td><td></td></tr>
<tr><td>7.</td><td>자본금과적립금명세서(을)계</td><td>21</td><td></td><td></td><td></td><td></td><td></td></tr>
<tr><td rowspan="3">손익미계상 법인세등</td><td>8. 법 인 세</td><td>22</td><td></td><td></td><td></td><td></td><td></td></tr>
<tr><td>9. 지방소득세</td><td>23</td><td></td><td></td><td></td><td></td><td></td></tr>
<tr><td>10. 계 (8 + 9)</td><td>30</td><td></td><td></td><td></td><td></td><td></td></tr>
<tr><td>11.</td><td>차가감계(6+7−10)</td><td>31</td><td></td><td></td><td></td><td></td><td></td></tr>
</table>

<table>
<tr><td colspan="13">Ⅱ. 이월결손금계산서</td></tr>
<tr><td rowspan="3">⑥ 사업연도</td><td colspan="5">이월결손금</td><td colspan="4">감 소 내 역</td><td colspan="3">잔 액</td></tr>
<tr><td colspan="3">발 생 액</td><td rowspan="2">⑩ 소급공제</td><td rowspan="2">⑪ 차감계</td><td rowspan="2">⑫ 기공제액</td><td rowspan="2">⑬ 당기공제액</td><td rowspan="2">⑭ 보전</td><td rowspan="2">⑮ 계</td><td rowspan="2">⑯ 기한내</td><td rowspan="2">⑰ 기한경과</td><td rowspan="2">⑱ 계</td></tr>
<tr><td>⑦ 계</td><td>⑧ 일반결손금</td><td>⑨ 배분한도초과결손금</td></tr>
<tr><td></td><td></td><td></td><td></td><td></td><td></td><td></td><td></td><td></td><td></td><td></td><td></td><td></td></tr>
<tr><td></td><td></td><td></td><td></td><td></td><td></td><td></td><td></td><td></td><td></td><td></td><td></td><td></td></tr>
<tr><td></td><td></td><td></td><td></td><td></td><td></td><td></td><td></td><td></td><td></td><td></td><td></td><td></td></tr>
<tr><td></td><td></td><td></td><td></td><td></td><td></td><td></td><td></td><td></td><td></td><td></td><td></td><td></td></tr>
<tr><td></td><td></td><td></td><td></td><td></td><td></td><td></td><td></td><td></td><td></td><td></td><td></td><td></td></tr>
<tr><td>계</td><td></td><td></td><td></td><td></td><td></td><td></td><td></td><td></td><td></td><td></td><td></td><td></td></tr>
</table>

* 세법상 자본(위 '11') = 회계상 자본(위 '6') ± 유보금(위 '7') − 손익미계상 법인세 등(위 '10')

제 3 장

익금과 익금불산입

1절 익 금

1. 익금의 개요

익금이란 해당 법인의 순자산을 증가시키는 거래로 인하여 발생하는 이익 또는 수입(이하 "수익"이라 한다)의 금액을 말한다. 다만, 다음 항목은 순자산을 증가시킨다 하더라도 익금으로 보지 아니한다.

① 자본 또는 출자의 납입

② 「법인세법」상 익금불산입항목으로 규정한 것

> 취지 자본 또는 출자의 납입을 익금으로 보지 않는 이유 : 납입자본금은 과세대상이 되는 소득을 발생시키는 원본(元本, 씨앗)을 구성하는 것으로, 이를 과세하게 되면 자본잠식이 일어나게 되기 때문

2. 익금의 범위

세법에서 정하는 익금의 범위는 다음과 같다. 이는 익금항목의 예시에 불과하며, 여기에 예시되지 않은 것이라도 순자산을 증가시키는 것은 세법에서 별도로 정한 익금불산입항목을 제외하고는 익금항목이다. → 포괄주의 과세방식

구 분	내 용
일반적인 익금	① 사업수입금액 ② 자산의 양도금액, 자기주식의 양도금액 ③ 자산의 임대료 ④ 볍령으로 정한 자산의 평가이익 ⑤ 자산수증익 및 채무면제익 ⑥ 손금에 산입한 금액 중 환입된 금액 ⑦ 자본거래로 인하여 특수관계인으로부터 분여받은 이익
간주익금	① 특수관계인인 개인으로부터 저가매입한 유가증권의 시가와 매입가액과의 차액 ② 간접외국납부세액 ③ 동업기업소득금액 배분규정에 따라 배분받은 소득금액 ④ 임대보증금 등의 간주익금(간주임대료) ⑤ 의제배당
그 밖의 수익으로 법인에 귀속되었거나 귀속될 금액	

이하에서는 위 내용 중 일부를 설명하기로 한다.

2.1 사업수입금액

사업수입금액이란 영업활동에서 발생한 수익(매출액)을 말한다. 기업회계에서 수익의 대표적인 항목이 매출액인 것처럼 세법에서도 사업수입금액이 대표적인 항목이다.

> 사업수입금액(매출액) = 매출액 − 매출에누리 − 매출환입 − 매출할인

2.2 자산의 양도금액

재고자산 외의 자산을 양도한 경우 그 거래에서 발생한 손익에 대해서는 다음과 같이 처리한다.

구 분	처 리 방 법
기업회계	양도가액에서 장부가액을 차감한 잔액만을 자산처분손익으로 계상한다(순액법).
법인세법	양도가액을 익금으로, 그 양도자산의 양도당시의 장부가액을 손금으로 처리한다(총액법).
세무조정	순액법과 총액법에 의한 손익이 차이가 나는 경우에만 세무조정을 행한다.

사례 장부가액 100의 토지를 150에 양도하여 유형자산처분이익이 50이 발생한 경우 표기 방법

기업회계				세 법	
수 익	50			익 금	150
비 용	—			손 금	100
이 익	50	세무조정 없음 →		과세소득	50

2.3 자산의 평가손익 ⟶ 외화평가손익 관련 부분은 제외하고 설명함

(1) 원 칙

자산의 평가손익은 실현되지 않은 손익이므로 익금 또는 손금으로 인정하지 않는다.

(2) 예 외

1) 자산의 평가이익을 익금으로 인정하는 경우

「보험업법」이나 그 밖의 법률에 따른 유형자산 및 무형자산 등의 평가(장부가액을 증액한 경우만 해당한다)로 인한 평가이익은 익금으로 인정한다.

취 지 다른 법률에 따른 평가증을 세법에서 인정하지 않게 되면 법률간 충돌이 발생하기 때문이다.

2) 자산의 평가손실을 손금으로 인정하는 경우

다음의 경우에는 감액사유가 발생한 사업연도(유형자산의 경우에는 파손 또는 멸실이 확정된 사업연도 포함)에 손비계상한 경우에 한하여 손금인정한다. ⋯→ 특별한 결산조정사항

취 지 다음의 경우에는 외관상 객관적으로 손실의 확인이 가능하므로 결산서에 계상한 경우 실현된 손실로 인정함

① 유형자산 : 천재지변, 화재, 법령에 의한 수용 등, 채굴예정량의 채진으로 인한 폐광으로 인하여 파손 · 멸실된 경우

② 재고자산 : 파손 · 부패 등의 사유로 정상가격으로 판매할 수 없는 경우

③ 유가증권 : 다음의 경우 계상한 평가손실*

㉠ 주식을 발행한 법인이 파산한 경우 ⋯→ 상장 · 비상장 불문

㉡ 다음의 주식을 발행한 법인이 부도발생한 경우 등 법령에 정한 경우

- 상장법인이 발행한 주식
- 특수관계 없는 비상장법인이 발행한 주식
- 중소기업창업투자회사 · 신기술사업금융업자가 보유하는 주식 중 각각 창업자 · 신기술사업자가 발행한 것

* 유가증권평가손실의 경우 위 각각의 경우 사업연도종료일 현재의 시가(시가로 평가한 가액이 1,000원 이하인 경우에는 1,000원으로 함)로 평가함에 따라 세상한 평가손실을 말한다. ⋯→ 1,000원을 비망계정으로 남겨둠

사 례 (1) 이사회 결의로 장부가액 50,000,000원의 토지를 30,000,000원으로 감액하고 20,000,000원을 평가손실로 비용처리한 경우 세무조정 : 법령에 정한 요건을 충족하지 못한 임의평가손실이므로 20,000,000원 전액을 손금불산입(유보)

(2) 보유하고 있는 상장법인인 A사 주식(장부가액 10,000,000원)을 A사가 ×1년에 파산함에 따라 다음과 같이 평가손실을 계상한 경우 각 경우별 세무조정을 하시오.

〈경우 1〉 ×2년에 10,000,000원 전액을 비용처리한 경우 : 감액사유가 발생한 연도인 ×1년에 계상하지 않았으므로 10,000,000원 전액을 손금불산입(유보)

〈경우 2〉 ×1년에 10,000,000원 전액을 비용처리한 경우 : 1,000원을 손금불산입(유보)

2.4 임대보증금 등의 간주익금(간주임대료)

(1) 취 지

부동산을 임대하고 받은 임대보증금을 이용한 부동산투기를 방지하기 위하여 임대보증금을 이용하여 발생한 금융수익이 정기예금이자율을 적용한 수익에 미달하는 경우 그 미달하는 금액을 익금으로 간주하여 법인세를 과세한다.

(2) 계산대상 법인

1) 추계의 경우

장부 기타 증빙의 미비 등으로 추계하는 경우에는 모든 법인에 대하여 적용하며, 주택임대로 받은 보증금에 대해서도 간주임대료를 계산한다.

2) 추계 외의 경우

다음의 요건을 모두 갖춘 법인에 한하여 적용하며, 주택임대로 받은 보증금에 대해서는 간주임대료를 계산하지 않는다.

① 주업 요건 : 부동산임대업을 주업으로 하는 법인일 것
② 법인 요건 : 영리내국법인일 것
③ 차입금 요건 : 차입금이 자기자본의 2배를 초과할 것

(3) 간주임대료의 계산방법

구 분	간 주 임 대 료
추계의 경우	해당 사업연도의 임대보증금적수 × 정기예금 이자율 × $\frac{1^{*1}}{365}$
추계 외의 경우	[해당 사업연도의 임대보증금적수 − 임대용부동산의 건설비적수*2] × 정기예금 이자율 × $\frac{1^{*1}}{365}$ − 금융수익*2

*1 윤년인 경우에는 $\frac{1}{366}$로 한다.

*2 추계의 경우에는 건설비적수와 금융수익을 차감하지 아니한다. 장부증빙에 따른 확인이 불가능하기 때문이다.

1) 임대보증금적수

적수의 계산은 보증금의 매일의 잔액의 합계액으로 계산하며, 임대보증금 수령시기와 무관하게 임대개시일부터 계산한다.

2) 임대용부동산의 건설비

건설비란 토지를 제외한 건축물의 취득가액에 자본적지출을 더한 금액을 말한다. 지출한 금액을 대상으로 하므로 평가차액이나 감가상각누계액은 가감하지 아니한다.

3) 정기예금이자율

정기예금이자율이란 금융회사 등의 정기예금이자율을 참작하여 기획재정부령으로 정하는 이자율을 말한다.

4) 금융수익

금융수익이란 임대사업부분에서 발생한 금융수익으로서 수입이자와 할인료·배당금·신주인수권처분익 및 유가증권처분익(유가증권의 매각익에서 매각손을 차감한 금액으로 하고, 그 차감액이 "부수(△)"인 때에는 이를 0으로 봄)의 합계액을 말한다.

취지 간주임대료 계산시 금융수익을 차감하는 이유 : 수입이자 등 금융수익은 익금항목이므로 법인세가 과세된다. 따라서 간주임대료 계산시 이를 차감하지 않게 되면 임대보증금 운용수익에 대하여 이중으로 과세하는 문제가 발생하기 때문에 이를 조정하기 위함이다.

예제 간주임대료

간주임대료 계산 요건을 갖춘 甲법인의 제10기(×10년. 1. 1~12. 31.)의 다음 상가건물 임대자료를 기초로 추계의 경우와 추계 외의 경우로 구분하여 간주임대료를 계산하시오.

1. 임대기간 : ×10년 1월 1일부터 ×10년 12월 31일까지
2. 임대보증금은 500,000,000원이며 ×10년 1월 5일에 수령하였다.
3. 상가건설비는 300,000,000원(토지가액 100,000,000원 포함)이다.
4. 임대보증금 운용수익으로 이자수익 2,000,000원, 유가증권처분손실 1,000,000원이 발생하였다.
5. 정기예금이자율은 2%이며, 1년은 항상 365일이라고 가정한다.

해답

추계 : 500,000,000 × 2% = 10,000,000*3

추계 외 : (500,000,000－200,000,000*1) × 2% － 2,000,000*2 = 4,000,000

*1 토지가액을 제외한 건설비

*2 유가증권처분손실은 유가증권처분이익에서만 차감하며, 이자수익에서 차감할 수 없다.

*3 추계시에는 건설비와 금융수익을 차감하지 않는다.

[참고] 임대기간이 365일이므로 계산의 편의상 적수는 고려하지 않았다(비록 임대보증금을 1월 5일에 수령하였으나 임대개시일부터 계산하므로 임대보증금에 곱하는 일수도 365일임).

2절 익금불산입

1. 익금불산입의 개요

법인의 순자산을 증가시키는 거래라 하더라도 일정한 목적에서 과세가 적당하지 않다고 인정되는 금액은 익금으로 과세하지 않는다.

2. 익금불산입의 범위

<table>
<tr><th colspan="2">익금불산입취지</th><th>익금불산입항목</th></tr>
<tr><td colspan="2">(1) 자본충실화목적 · 자본의 환급성격</td><td>① 주식발행액면초과액, 주식의 포괄적 교환차익 · 이전차익, 감자차익
② 합병차익 · 분할차익
③ 자산수증익과 채무면제익 중 이월결손금의 보전에 충당된 금액
④ 「상법」 제461조의 2에 따라 자본준비금을 감액하여 받는 배당, 다만, 의제배당으로 과세되는 자본준비금의 배당은 제외한다.</td></tr>
<tr><td colspan="2">(2) 미실현소득에 대한 과세방지목적</td><td>⑤ 자산의 평가이익(일정한 평가이익은 제외)</td></tr>
<tr><td colspan="2" rowspan="2">(3) 이중과세방지 및 조세정책적 목적</td><td>⑥ 각 사업연도의 소득으로 이미 과세된 소득(「법인세법」과 다른 법률에 따라 비과세되거나 면제되는 소득을 포함한다)
⑦ 지출시 손금으로 인정받지 못한 조세의 환급금</td></tr>
<tr><td>⑧ 이중과세조정을 위한 수입배당금의 익금불산입
㉠ 내국법인의 수입배당금액 중 일정액(30%, 80%, 100%)
㉡ 외국자회사의 수입배당금액 중 일정액(95%)</td></tr>
<tr><td rowspan="3">(4) 기 타</td><td>보상성격</td><td>⑨ 국세 또는 지방세의 과오납금의 환급금에 대한 이자</td></tr>
<tr><td rowspan="2">부채성격</td><td>⑩ 부가가치세 매출세액</td></tr>
<tr><td>⑪ 연결모법인이 연결자법인으로부터 지급받았거나 지급받을 연결법인별 법인세 상당액</td></tr>
</table>

이하에서는 위 내용 중 일부를 설명하기로 한다.

2.1 주식발행액면초과액

주식발행액면초과액이란 주식의 발행가액이 액면가액을 초과하는 경우 그 초과하는 금액을 말한다. 이는 자본의 납입이므로 익금항목이 아니며, 동일한 이유에서 주식할인발행차금은 손금항목이 아니다.

사례 주식발행액면초과액의 처리

(차)	현 금	120(발행가액)	(대)	자 본 금	100(액면가액)
				주식발행액면초과액	20

↳ 익금불산입항목

2.2 감자차익

감자차익이란 자본감소의 경우로서 그 감소액이 주식의 소각, 주금(株金)의 반환에 든 금액과 결손의 보전에 충당한 금액을 초과한 경우의 그 초과금액을 말한다.

감자차익도 그 실질성격이 자본의 납입에 해당하므로 익금항목이 아니며, 동일한 이유에서 감자차손도 손금항목이 아니다.

사례 감자차익의 처리

(차)	자 본 금	100	(대)	현 금	70
				이 월 결 손 금	10
				감 자 차 익	20

↳ 익금불산입항목

2.3 자산수증익 · 채무면제익 중 이월결손금 보전에 충당된 금액

기업회계에서는 자산을 증여받거나 채무를 면제받으면 다음과 같이 처리한다.

회계처리

(차)	자 산	100	(대)	자산수증이익	100
(차)	부 채	100	(대)	채무면제이익	100

세법에서도 자산이 증가하거나 부채가 감소함에 따라 순자산이 증가되므로 자산수증이익 · 채무면제이익을 익금으로 본다. 다만, 그 중 이월결손금을 보전하는 데에 충당한 금액은 익금불산입한다.

취 지 결손보전을 통한 재무구조 개선을 지원하기 위함이며, 따라서 이 경우 이월결손금은 발생연도의 제한없는 세법상 이월결손금으로 한다.

2.4 수입배당금의 익금불산입

(1) 개 요

법인이 얻은 소득에 대해서는 그 법인에게 법인세를 과세한다. 이러한 법인으로부터 주주가 받은 배당소득에 대하여 다시 법인세(개인주주에게는 소득세)를 과세하면 경제적 관점에서 동일한 소득에 대한 이중과세문제가 발생한다. 이를 방지하기 위하여 「법인세법」과 「소득세법」에서는 다음 규정을 두고 있다.

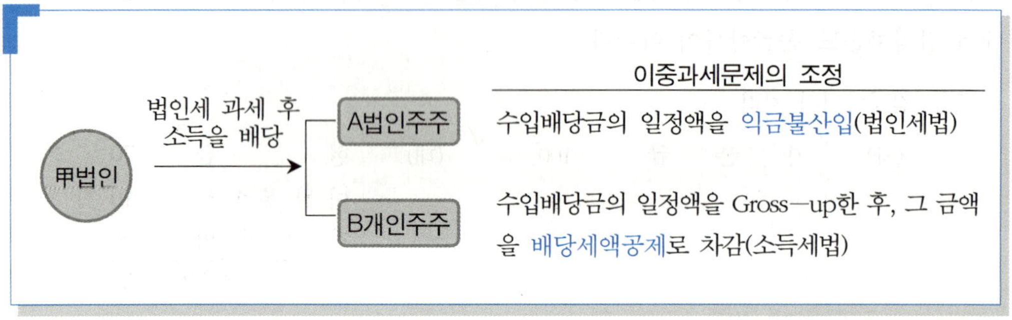

(2) 내국법인이 다른 내국법인으로부터 받은 수입배당금의 익금불산입

1) 익금불산입액의 계산방법

익금불산입대상액 − 익금불산입배제액

$$= 수입배당금 \times 익금불산입률 - 지급이자 \times \frac{세법상\ 주식가액적수}{기말\ 재무상태표상\ 자산총액적수} \times 익금불산입률$$

$$= (수입배당금 - 지급이자 \times \frac{세법상\ 주식가액적수}{기말\ 재무상태표상\ 자산총액적수}) \times 익금불산입률$$

익금불산입액은 배당금을 지급하는 법인별로 계산하며, 익금불산입액이 부수(△)가 나오면 0으로 본다.

위 산식에서 익금불산입률은 피투자법인의 성격에 따라 다음의 율을 적용한다.*

피출자법인에 대한 출자비율	익금불산입률
20% 미만	30%
20% 이상 50% 미만	80%
50% 이상	100%

* 다만, 지주회사가 법령으로 정한 자회사로부터 2026. 12. 31.까지 받는 수입배당금에 대하여는 위 규정에 따른 익금불산입률과 종전 규정에 따른 익금불산입률을 선택하여 적용할 수 있다.

2) 익금불산입규정을 적용하지 않는 수입배당금

외국법인으로부터 받은 수입배당금, 배당기준일 전 3개월 이내에 취득한 주식 등을 보유함으로써 발생하는 수입배당금 등 법령에 정한 수입배당금에 대해서는 위 규정에 따른 익금불산입규정을 적용하지 않는다.

예제 일반법인의 수입배당금액 익금불산입

(주)우리경영(지주회사 아님)의 다음 자료를 기초로 세무조정을 하시오.

1. 사업연도 : 제10기(×5년 1. 1.~12. 31.)
2. (주)우리경영의 현황
   ① 사업연도종료일 현재 자산총액은 300억원이다.
   ② 제10기 사업연도의 지급이자는 12억원이다.
3. (주)우리경영의 다른 법인에의 출자 및 배당현황은 다음과 같다. 주식은 모두 전기 초에 취득하였다.

출자대상법인	출자금액(지분율)	수입배당금액
A사 (비상장법인)	20억원(10%)	1억원
B사 (상 장 법 인)	30억원(40%)	2억원

해답

1. 계 산

(1) A사 : $(1억원-12억원\times\frac{20억원\times365일}{300억원\times365일})\times30\%^{*1}=6,000,000$

(2) B사 : $(2억원-12억원\times\frac{30억원\times365일}{300억원\times365일})\times80\%^{*2}=64,000,000$

*1 20% 미만 보유하고 있으므로 30%의 익금불산입률을 적용한다.

*2 20% 이상 50% 미만 보유하고 있으므로 80%의 익금불산입률을 적용한다.

2. 세무조정 : 〈익금불산입〉 수입배당금 70,000,000(기타)

(3) 외국자회사 수입배당금 익금불산입

법령으로 정한 요건을 갖춘 외국자회사*로부터 받는 수입배당금에 대해서는 그 수입배당금의 95%를 익금불산입한다. 이 내용은 세법개론에서 설명하기로 한다.

* 외국자회사 : 내국법인이 배당기준일 현재 6개월 이상 계속하여 의결권 있는 발행주식총수 또는 출자총액의 10%(해외자원개발사업을 하는 외국법인의 경우에는 5%) 이상을 보유하고 있는 외국법인을 말한다.

제 4 장

손금과 손금불산입

1절 일 반

1. 손금의 개요

손금이란 해당 법인의 순자산을 감소시키는 거래로 인하여 발생하는 손실 또는 비용(이하 "손비"라 한다) 금액을 말한다. 다만, 다음 항목은 손금으로 보지 않는다.

① 자본 또는 출자의 환급

② 「법인세법」상 손금불산입 항목으로 규정된 것

③ 잉여금의 처분을 손비로 계상한 금액

취 지 위 '③'을 손금으로 인정하지 않는 이유

익금

(−)손금

소득 → 잉여금 구성 → 이러한 잉여금처분에 의한 상여·배당은 손금이 될 수 없음

(∵ 잉여금은 모든 손금을 차감한 후의 금액)

2. 손금의 범위

① 판매한 상품·제품에 대한 원료의 매입가액과 그 부대비용 등
② 양도한 자산의 양도 당시의 장부가액
③ 인건비
④ 유형자산의 수선비, 유형자산 및 무형자산의 감가상각비(한도초과액은 제외), 자산의 임차료, 차입금이자(손금불산입 이자는 제외), 대손금(대손요건 미충족분은 제외)
⑤ 자산의 저가양수시 시가(또는 취득가액)와 장부가액과의 차액에 대한 감가상각비
⑥ 법령으로 정한 자산의 평가손실
⑦ 제세공과금(외국납부세액공제를 적용하지 않는 경우의 외국법인세액을 포함한다)
⑧ 영업자가 조직한 단체에 대한 회비
⑨ 그 밖의 법령에 정하는 손금

이하에서는 위 내용 중 일부를 설명하기로 한다.

2.1 판매한 상품 또는 제품에 대한 원료의 매입가액과 그 부대비용

판매한 상품 또는 제품에 대한 원료의 매입가액, 즉 매출원가와 판매부대비용은 대표적인 손금항목이다.

2.2 양도한 자산의 양도 당시의 장부가액

자산을 양도하는 경우 양도가액을 익금으로, 그 양도자산의 양도당시의 장부가액을 손금으로 처리한다(총액법).

2.3 그 밖의 법령에 정하는 손금

(1) 기부성격이나 손금인정하는 항목

다음 금액은 기부금 성격이나 한도 계산하지 않고 잉여식품등 활용과 우리사주조합을 지원하기 위하여 전액 손금에 산입한다.

① 「식품등 기부 활성화에 관한 법률」(제2조 제1호 및 제1호의 2)에 따른 식품 및 생활용품(이하 "식품등"이라 한다)의 제조업·도매업 또는 소매업을 영위하는 내국법인

이 해당 사업에서 발생한 잉여식품등을 해당 법에 따른 제공자 또는 제공자가 지정하는 자에게 무상으로 기증하는 경우 그 기증한 잉여식품등의 장부가액

② 우리사주조합에 출연하는 자사주의 장부가액 또는 금품

③ 보건복지부장관이 정하는 무료진료권 · 새마을 진료권에 의하여 행한 무료진료의 가액

④ 해당 내국법인이 설립한 사내근로복지기금, 해당 내국법인과 다른 내국법인 간에 공동으로 설립한 공동근로복지기금, 해당 내국법인의 협력중소기업이 설립한 사내근로복지기금, 해당 내국법인의 협력중소기업 간에 공동으로 설립한 공동근로복지기금에 출연하는 금품

(2) 그 밖의 손금

① 광업의 탐광비(탐광을 위한 개발비를 포함한다)

② 업무와 관련있는 해외시찰 · 훈련비

③ 근로청소년을 위한 특별학급 또는 산업체부설 중 · 고등학교 운영비, 법에 정한 직업교육훈련과정 · 학과 등의 운영비, 법에 정한 현장실습 또는 현장실습수업에 참여하는 학생들에게 지급하는 수당

④ 법인이 임원 · 직원의 행위 등으로 인하여 타인에게 손해를 끼침으로써 손해배상금을 지출한 경우에는 업무와 관련된 것이고 임원 · 직원의 고의 · 중과실로 인한 것이 아니면 그 손해배상금을 손금에 산입한다.

⑤ 장식 · 환경미화 등의 목적으로 사무실 · 복도 등 여러 사람이 볼 수 있는 공간에 항상 전시하는 미술품의 취득가액을 그 취득일이 속하는 사업연도의 손비로 계상한 경우의 그 취득가액(취득가액이 거래단위별로 1,000만원 이하인 것에 한정한다)

사례 장식 목적의 미술품을 1,500만원에 취득하고 비용처리한 경우에는 1,500만원 전액을 손금불산입(유보)한다.

⑥ 광고선전목적으로 기증한 물품의 구입비용. 다만, 특정인에 기증한 물품(개당 3만원 이하의 물품은 제외한다)의 경우에는 연간 5만원 이내의 금액에 한정하여 손금에 산입하며, 5만원을 초과하는 경우에는 전액을 특정거래처에 대한 기업업무추진비로 보아 한도내에서 손금산입한다.

사례 거래처 A에 연중 총 80,000원(1건 50,000원 + 1건 30,000원)의 물품을 제공한 경우 건당 30,000원 이하의 물품을 제외한 물품이 50,000원 이하이므로 80,000원 전액을 손금인정한다.

⑦ 그 밖의 법령에 정하는 것

3. 손금불산입

법인의 순자산을 감소시키는 손비라 하더라도 다음 항목은 손금에 산입하지 않는다.

구 분	손금불산입항목
잉여금 처분 및 자본거래	① 결산을 확정할 때 잉여금의 처분을 손비로 계상한 금액 ② 주식할인발행차금
세금과 공과금 중 일정한 것	③ 세법에서 정한 세금, 의무불이행으로 납부하였거나 납부할 세액(가산세 포함) ④ 벌금 · 과료 · 과태료, 가산금 및 강제징수비 ⑤ 세법에서 정한 공과금
벌금성격	⑥ 징벌적 목적의 손해배상금
미실현손실	⑦ 자산의 평가손실
각종 한도초과액	⑧ 감가상각비 · 기업업무추진비 · 기부금 · 충당금 · 준비금 한도초과액 및 비지정기부금 등
과다경비 등	⑨ 세법에서 정한 인건비 ⑩ 임원 · 직원이 아닌 지배주주(특수관계인 포함)에게 지급한 여비 · 교육훈련비 ⑪ 공동경비 중 분담금액기준을 초과하여 지출한 금액
업무무관비용	⑫ 업무와 관련 없는 비용
지급이자	⑬ 법령에 정하는 지급이자
승용차 관련 비용 특례	⑭ 업무용승용차 관련 비용의 손금불산입 등 특례

2절 인건비

1. 개 요

임원* 또는 직원에 대한 인건비는 손금에 산입하나, 과다하거나 부당하다고 보는 인건비는 손금불산입한다.

* 임원이란 다음의 직무에 종사하는 자를 말하며, 이러한 임원 외의 자는 직원이다.
  ① 법인의 회장 · 사장 · 부사장 · 이사장 · 대표이사 · 전무이사 · 상무이사 등 이사회의 구성원 전원과 청산인
  ② 합명회사 · 합자회사 및 유한회사의 업무집행사원 또는 이사
  ③ 유한책임회사의 업무집행자
  ④ 감 사
  ⑤ 그 밖에 위에 준하는 직무에 종사하는 자

이하에서는 인건비의 손금산입 여부를 인건비 항목별로 설명하기로 한다.

2. 보 수

보수는 손금에 산입하되, 다음의 보수는 손금에 산입하지 않는다.

손금불산입항목	취 지
① 합명회사 · 합자회사의 노무출자사원에게 지급하는 보수	출자의 대가(이익처분에 의한 상여)성격
② 지배주주 및 그와 특수관계에 있는 임원 · 직원에게 정당한 사유 없이 동일 직위에 있는 지배주주 등 외의 임원 · 직원에게 지급하는 금액을 초과하여 보수를 지급하는 경우 그 초과금액	지배주주에 대한 배당금을 인건비로 위장한 것으로 봄
③ 비상근임원에게 지급하는 보수 중 부당행위계산부인 해당액	조세회피방지

3. 상여금

① 직원에 대한 상여금은 급여지급기준 초과여부와 무관하게 손금에 산입한다.

② 임원에 대한 상여금도 손금에 산입하나, 정관 · 주주총회 · 사원총회 또는 이사회의 결의에 의하여 결정된 급여지급기준을 초과하는 금액은 손금불산입한다.

사례 당기 중 인건비 지급 내역이 다음과 같은 경우 손금불산입액을 계산하시오. 회사의 급여지급기준에 따르면 임원과 직원의 상여금은 급여의 30%를 지급하도록 규정되어 있다.

구 분	급 여	상 여 금
대 표 이 사	30,000,000원	11,000,000원
경 리 과 장	15,000,000원	9,000,000원

• 손금불산입액(임원상여금 한도초과) : 11,000,000 − 30,000,000 × 30% = 2,000,000

4. 퇴직급여

(1) 퇴직급여의 처리방법

① 직원에 대한 퇴직급여는 손금에 산입한다.

② 임원에 대한 퇴직급여도 손금에 산입하나, 다음의 한도를 초과하는 금액은 손금에 산입하지 않는다.

구 분	임원퇴직급여 한도액
① 정관 또는 위임규정에 퇴직급여로 지급할 금액이 정하여진 경우	정관에 정하여진 금액
② 위 외의 경우	퇴직 전 1년간 총급여*1 × $\frac{1}{10}$ × 근속연수*2

*1 여기서 총급여란 근로의 제공으로 인하여 받는 봉급 · 수당 등의 급여로 하되, 「소득세법」상 비과세 근로소득, 손금불산입되는 인건비 등은 제외한다.

*2 근속연수계산시 1년 미만의 기간은 월수로 계산하되, 1개월 미만의 기간은 이를 산입하지 않는다.

사례 위 "3. 상여금" 사례에 제시된 자료를 이용하여 대표이사와 경리과장이 당기 말에 퇴직한다고 가정하는 손금불산입액을 계산하시오. 퇴직급여로 각각 20,000,000원을 지급하고 비용처리하였으며, 각각의 근속연수는 2년 6개월 10일이다.

- 손금불산입액(임원퇴직급여 한도초과액) :

$$20{,}000{,}000 - (30{,}000{,}000+11{,}000{,}000-2{,}000{,}000^{*1}) \times \frac{1}{10} \times 2.5^{*2} = 10{,}250{,}000$$

*1 손금불산입된 인건비는 총급여 계산시 제외한다.

*2 근속연수 계산시 1개월 미만은 산입하지 않으므로 근속연수는 2년 6개월이다.

5. 복리후생비

법인이 그 임원 · 직원을 위하여 지출한 다음의 복리후생비는 손금에 산입한다. 이 경우 직원에 파견근로자를 포함한다.

① 법에 따른 국민건강보험료 · 노인장기요양보험료 · 고용보험료 · 국민연금료의 사용자부담분

② 직장체육비와 직장문화비, 직장회식비, 우리사주조합의 운영비, 「영유아보육법」에 의하여 설치된 직장보육시설의 운영비

③ 기타 임원 · 직원에게 사회통념상 타당하다고 인정되는 범위에서 지급하는 경조사비 등 위와 유사한 비용. 따라서 사회통념상 타당하면 대부분의 복리후생비는 손금에 산입한다.

3절 지급이자

1. 개 요

지급이자(이자비용)는 순자산을 감소시키므로 손금에 산입한다. 다만, 다음의 지급이자는 손금불산입한다.

구분(손금불산입액 계산순서별)	소득처분
〈1순위〉 채권자가 불분명한 사채이자	대표자에 대한 상여 (원천징수세액은 기타사외유출)
〈2순위〉 비실명 채권 · 증권의 이자	
〈3순위〉 건설자금이자	유 보
〈4순위〉 업무무관자산에 대한 지급이자	기타사외유출

2. 채권자불분명 사채이자(私債利子)

채권자불분명 사채이자란 다음의 차입금에 대한 이자(알선사례금, 사례금 등 포함)를 말한다.

① 채권자의 주소 또는 성명을 확인할 수 없는 차입금
② 채권자의 능력 및 자산상태로 보아 금전을 대여한 것으로 인정할 수 없는 차입금
③ 채권자와의 금전거래사실 및 거래내용이 불분명한 차입금

다만, 거래일 현재 주민등록표에 의하여 그 거주사실 등이 확인된 채권자가 차입금을 변제받은 후 소재불명이 된 경우에 그 이자는 채권자불분명 사채이자로 보지 아니한다.

채권자불분명 사채이자는 손금불산입하고, 귀속이 불분명하므로 대표자에 대한 상여로 처분하되, 그 이자에 대한 원천징수세액은 기타사외유출로 처분한다.

사례 제10기 손익계산서상 이자비용에 채권자의 주소 또는 성명을 확인할 수 없는 차입금에 대한 이자 1,000,000원(이 중 250,000원을 세법에 따라 원천징수하여 납부함)이 포함되어 있는 경우 세무조정과 소득처분 :

〈손금불산입〉 채권자불분명 사채이자(원천징수세액) 250,000(기타사외유출)
채권자불분명 사채이자 750,000(상 여)

3. 비실명 채권 · 증권의 이자

비실명 채권 · 증권의 이자란 채권 · 증권의 발행법인이 채권 · 증권의 이자 · 할인액을 금융회사를 통하지 않고 직접 지급하는 경우에 그 지급사실이 객관적으로 인정되지 아니하는 채권 · 증권의 이자를 말한다.

이러한 이자는 손금불산입하며, 채권자불분명 사채이자와 동일하게 소득처분한다.

취지 「금융실명거래 및 비밀보장에 관한 법률」에 의한 실명확인대상 금융기관이 아닌 법인이 직접 이자를 지급하는 경우에도 실명확인을 하도록 유도하기 위함이다.

4. 건설자금이자

건설자금이자란 사업용 유형자산 및 무형자산의 매입 · 제작 · 건설(이하 '건설 등'이라 한다)에 소요된 차입금에 대해서 그 자산의 건설 등의 과정에서 발생한 이자를 말한다.

자산의 건설 등에 소요된 것이 분명한 차입금(특정차입금)에 대한 이자는 자산원가에 가산하여야 하며, 법인이 이를 비용처리한 경우에는 손금불산입한다.

그러나 특정차입금 외의 차입금(일반차입금)에 대한 이자는 자산원가처리와 손비처리 중 선택할 수 있다.

건설자금이자에 대한 기업회계와 세법의 처리방법의 차이는 다음과 같다.

구 분		기업회계(K-IFRS)	세 법
자본화대상자산		적격자산	사업용 유형자산 및 무형자산*1
자본화 여 부	특정차입금 이자	자본화 강제	자본화 강제
	일반차입금 이자	자본화 강제	자본화 선택*2

*1 "사업용"이 아닌 투자부동산이나 "유형자산 및 무형자산"이 아닌 재고자산[예 : 매매를 목적으로 매입 · 건설하는 주택, 아파트]은 세법상 건설자금이자의 계산대상이 아니다.

*2 세법에서는 일반차입금에 대한 이자를 자산원가에 가산하는 방법과 지급이자로 손금계상하는 방법 중 하나를 선택할 수 있다.

5. 업무무관자산에 대한 지급이자

차입금을 비생산적인 용도로 사용하는 것을 규제하기 위하여 다음의 지급이자를 손금불산입한다.

$$\text{손금불산입액} = \text{지급이자}^{*1} \times \frac{[\text{업무무관부동산적수} + \text{업무무관동산적수} + \begin{array}{c}\text{특수관계인에 대한}\\ \text{업무무관가지급금적수}\end{array}]^{*3}}{\text{차입금적수}^{*2}}$$

*1 지급이자 = 총지급이자 − 선순위에서 부인된 지급이자
= 총지급이자 − 채권자불분명 사채이자 − 비실명 채권 · 증권의 이자 − 건설자금이자

*2 차입금적수 = 총차입금적수 − 채권자불분명 사채적수 − 비실명 채권 · 증권적수 − 건설자금이자 계산대상 차입금적수

*3 분자금액의 합계액은 분모의 차입금적수를 한도로 한다. 따라서 계산문제 풀이시에는 분자금액을 'min(① 업무무관부동산적수 + 업무무관동산적수 + 특수관계인에 대한 업무무관가지급금적수, 차입금적수)'로 계산한다.

사례 손익계산서상 지급이자는 10,000,000원(차입금적수 : 36,500,000,000원)이며, 이 중 채권자불분명사채이자는 2,000,000원(차입금적수 : 7,300,000,000원)이다. 당기 중 업무와 무관한 건물의 적수가 5,840,000,000원인 경우 지급이자 손금불산입액은?

① 채권자불분명사채이자 : 2,000,000

② 업무무관자산이자 : $(10{,}000{,}000-2{,}000{,}000) \times \frac{5{,}840{,}000{,}000}{36{,}500{,}000{,}000 - 7{,}300{,}000{,}000} = 1{,}600{,}000$

③ 계 : 3,600,000

4절 기업업무추진비

1. 기업업무추진비의 개념

기업업무추진비란 접대, 교제, 사례 또는 그 밖에 어떠한 명목이든 상관없이 이와 유사한 목적으로 지출하는 비용으로서 내국법인이 직접 또는 간접적으로 업무와 관련이 있는 자와 업무를 원활하게 진행하기 위하여 지출한 금액을 말한다.

특정인에 대한 지출이라는 점에서 불특정다수인에 대한 지출인 광고선전비와 차이가 있으며, 업무와 관련있는 지출이라는 점에서 업무와 관련없는 지출인 기부금과 차이가 있다.

광고선전비는 전액 손금인정되나, 기업업무추진비와 기부금은 한도 내 손금인정된다.

2. 손금귀속시기

지급할 의무가 확정된 사업연도(일반적으로 접대행위가 이루어진 사업연도)의 기업업무추진비로 본다.

① 접대행위를 하고 미지급한 상태라 하더라도 접대를 한 날이 속하는 사업연도의 기업업무추진비로 본다.

② 기업업무추진비를 지출하고도 손비처리하지 않고 이연처리한 경우에는 지출한 연도의 기업업무추진비로 본다.

3. 현물 기업업무추진비의 평가

기업업무추진비를 금전 외의 자산으로 제공한 경우 접대했을 때의 장부가액과 시가 중 큰 금액으로 평가한다.

4. 증명서류의 구비

(1) 적격증명서류가 없는 기업업무추진비의 손금불산입

기업업무추진비로 인정받으려면 증명서류가 있어야 한다. 증명서류가 없는 기업업무추진비는 손금불산입하고 상여 등으로 처분한다.

법인이 한 차례의 접대에 지출한 금액이 3만원(경조금의 경우에는 20만원)을 초과하는 경우 적격증명서류*를 구비하지 아니하면 전액을 손금불산입하고 기타사외유출로 처분한다. 가공기업업무추진비의 계상을 방지하기 위함이다.

* 적격증명서류 : 신용카드 · 직불카드 · 외국에서 발행된 신용카드 · 기명식선불카드, 직불전자지급수단, 기명식선불전자지급수단 또는 기명식전자화폐, 「조세특례제한법」에 따른 현금영수증, 계산서 · 세금계산서, 매입자발행세금계산서 또는 원천징수영수증 등

임직원 명의로 발급받은 신용카드 등과 다른 가맹점 명의로 작성된 신용카드 등 사용액은 적격증명서류 사용액으로 보지 않으므로 3만원(경조금의 경우에는 20만원)을 초과하는 경우 전액을 손금불산입한다.

(2) 적격증명서류 사용대상에서 제외하는 것

성격상 적격증명서류를 구비할 수 없는 다음의 기업업무추진비는 적격증명서류가 없더라도 손금불산입하지 아니한다.

① 기업업무추진비가 지출된 국외지역의 장소에서 현금 외에 다른 지출수단이 없어 적격증명서류를 구비하기 어려운 경우의 해당 국외지역에서 지출한 기업업무추진비
② 법인이 생산한 제품 등으로 거래처에 제공하는 현물 기업업무추진비
③ 거래처와 약정에 의한 매출채권의 포기액
④ 농 · 어민으로부터 직접 재화를 공급받는 경우의 지출로서 그 대가를 금융회사 등을 통하여 지급한 지출

5. 기업업무추진비 한도액의 계산

기업업무추진비 한도액은 다음과 같이 계산한다.

- 기업업무추진비 한도액 : (1) + (2) + (3)
  - (1) 일반기업업무추진비 한도액 : ① + ② + ③ [부동산임대업을 주업으로 하는 법인 등 법에서 정한 내국법인의 경우는 "(①+②+③)×50%"]
    - ① 기본한도 : 12,000,000원(중소기업은 36,000,000원) × $\frac{\text{사업연도월수*}}{12}$
    - ② 일반수입금액 한도 : 일반수입금액 × 적용률
    - ③ 특정수입금액 한도 : 특정수입금액 × 적용률 × 10%
  - (2) 문화기업업무추진비 한도액 : min(①, ②)
    - ① 문화기업업무추진비
    - ② 위 "(1) 일반기업업무추진비 한도액" × 20%
  - (3) 전통시장 : min(①, ②)
    - ① 전통시장에서 지출한 기업업무추진비
    - ② 위 "(1) 일반기업업무추진비 한도액" × 10%

* 월수는 역에 따라 계산하되, 1개월 미만의 일수는 1개월로 한다.

(1) 수입금액

1) 개 념

수입금액이란 기업회계기준에 따라 계산한 매출액을 말한다. 이러한 수입금액에는 사업연도 중에 중단된 사업부문의 매출액을 포함하며, 매출에누리와 환입 및 매출할인을 차감한 금액으로 한다.

2) 일반수입금액과 특정수입금액의 구별

특정수입금액이란 특수관계인과의 거래에서 발생하는 수입금액을 말하며, 이를 제외한 나머지 수입금액은 일반수입금액에 해당된다.

3) 적용률

① **일반수입금액에 대한 적용률**

수입금액	적 용 률
100억원 이하	0.3%
100억원 초과 ~ 500억원 이하	3천만원 + 100억원 초과분 × 0.2%
500억원 초과	1억 1천만원 + 500억원 초과분 × 0.03%

② **특정수입금액에 대한 적용률**

위 적용률의 10%를 적용하는데, 일반수입금액과 특정수입금액이 함께 있는 경우에는 일반수입금액부터 높은 적용률을 적용받는 구간을 구성하는 것으로 보아 특정수입금액에 대하여는 낮은 적용률을 적용한다.

사 례 일반수입금액 80억원, 특정수입금액 30억원인 경우 '수입금액 × 적용률'의 계산방법

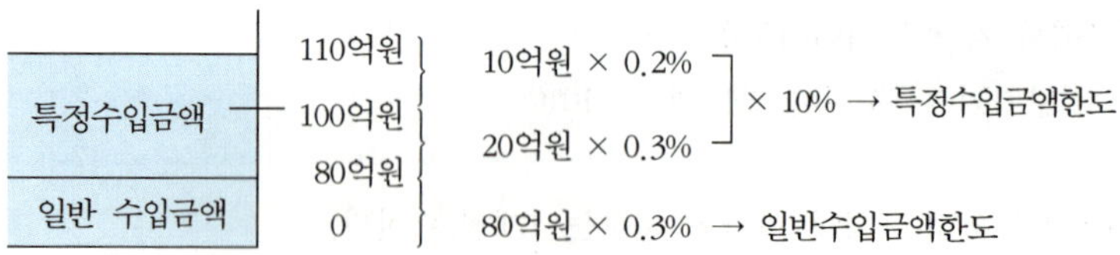

4) 부동산임대업을 주업으로 하는 법인 등 법에서 정한 내국법인

다음의 요건을 모두 갖춘 내국법인을 말한다.

① 해당 사업연도 종료일 현재 내국법인의 지배주주등이 보유한 주식등의 합계가 해당 내국법인의 발행주식총수 또는 출자총액의 50%를 초과할 것

② 해당 사업연도에 부동산임대업을 주된 사업으로 하는 법인 등 법령에 정한 요건을 충족한 법인

③ 해당 사업연도의 상시근로자수가 5명 미만일 것

6. 기업업무추진비 한도초과액의 손금불산입

기업업무추진비 해당액 − 한도액 = ×××: 한도초과액 : 손금불산입(기타사외유출)
△×××: 한도미달액 : 세무조정없음

예제 기업업무추진비 세무조정

다음 자료를 기초로 중소기업이 아닌 (주)우리경영의 제10기(×10년. 1. 1.~12. 31.) 사업연도의 세무조정을 하시오.

1. 손익계산서상 제품매출액은 일반 매출액 9,900,000,000이며, 특수관계인에 대한 매출 200,000,000원으로 총 10,100,000,000원이다.
2. 손익계산서상 기업업무추진비 계상액은 80,000,000원이며, 이 중 3,000,000원은 1건의 기업업무추진비지출액으로서 신용카드 등 적격증빙을 구비하지 못하였다.
3. 기업업무추진비 한도 계산시 수입금액에 적용하는 율은 100억원 이하분은 0.3%, 100억원 초과 500억원 이하분은 0.2%이다.

해답

1. 적격증명서류 미구비액
   〈손금불산입〉 적격증명서류 미구비액 3,000,000(기타사외유출)
2. 기업업무추진비 한도초과
   (1) 기업업무추진비 : 80,000,000 − 3,000,000 = 77,000,000
   (2) 한도액 :

   ㉠ 기본한도 : 12,000,000 × $\frac{12}{12}$ = 12,000,000
   ㉡ 일반수입금액한도 : 9,900,000,000 × 0.3% = 29,700,000
   ㉢ 특정수입금액한도 :
   (100,000,000 × 0.3% + 100,000,000 × 0.2%) × 10% = 50,000
   (100억−99억) (2억−1억)
   41,750,000

   (3) 한도초과액 : 77,000,000 − 41,750,000 = 35,250,000
   (4) 세무조정 : 〈손금불산입〉 기업업무추진비 한도초과액 35,250,000(기타사외유출)

5절 기부금

1. 기부금의 개념

(1) 기본 개념

기부금이란 해당 법인이 사업과 직접적인 관계없이 특수관계인 외의 자에게 무상으로 지출하는 재산적 증여의 가액을 말한다.

(2) 저가양도 · 고가매입의 경우 의제기부금

법인이 특수관계인 외의 자에게 정당한 사유없이 자산을 정상가액보다 낮은 가액으로 양도하거나, 정상가액보다 높은 가액으로 매입함으로써 그 차액 중 실질적으로 증여한 것으로 인정되는 금액은 기부금으로 의제한다. 이 경우 정상가액은 시가에 시가의 30%를 가감한 범위 내의 금액을 말한다.

사 례 〈경우 1〉 시가 50,000,000원인 토지를 특수관계 없는 자에게 30,000,000원에 양도한 경우

- 의제기부금 : 정상가액 − 양도가액 = (50,000,000×70%) − 30,000,000 = 5,000,000

〈경우 2〉 시가 50,000,000원 토지를 특수관계 없는 자로부터 80,000,000원에 매입한 경우

- 의제기부금 : 매입가액 − 정상가액 = 80,000,000 − (50,000,000×130%) = 15,000,000

2. 손금귀속시기

(1) 현금주의

기부금은 지출한 사업연도의 손금으로 한다. 따라서 기부금의 지출을 위하여 어음을 발행한 경우에는 그 어음이 실제로 결제된 날에 지출한 것으로 보며, 수표를 발행한 경우에는 그 수표를 교부한 날에 지출한 것으로 본다.

사 례 ×1년에 기부금 1,000,000원을 어음으로 지급하고 비용처리한 경우 ×1년의 세무조정(결제일은 ×2년) : 〈손금불산입〉 기부금 1,000,000(유보)

(2) 현금주의의 예외

정부로부터 인·허가를 받기 이전의 설립중인 공익법인 및 단체 등에 지출한 기부금의 경우에는 그 법인 및 단체가 정부로부터 인가 또는 허가를 받은 날이 속하는 사업연도의 기부금으로 본다.

사 례 ×1년에 설립중인 단체에 대한 일반기부금 1,000,000원을 현금 지급하고 비용처리한 경우 ×1년의 세무조정(인허가일은 ×2년) : 〈손금불산입〉 기부금 1,000,000(유보)

3. 현물기부금의 평가

현물기부금은 다음과 같이 평가한다[비교 : 기업업무추진비는 max(장부가액, 시가)].

구 분	평 가 방 법
① 특례기부금, 특수관계 없는 자에 대한 일반기부금	기부했을 때의 장부가액
② 특수관계인에 대한 일반기부금, 비지정기부금	기부했을 때의 장부가액과 시가 중 큰 금액

4. 기부금의 구분

기부금은 사업관련성이 없으므로 손금에 산입하지 않는 것이 원칙이나, 법령에 정한 대상에 기부한 경우에는 기부대상에 따라 특례기부금 · 우리사주조합기부금 · 일반기부금으로 구분하여 한도 내에서 손금에 산입한다.

① **특례기부금(소득금액의 50%한도기부금)** : 국가 · 지방자치단체에 대한 기부금, 국방헌금과 국군장병 위문금품(예비군 포함), 천재지변[특별재난지역으로 선포된 경우 그 선포의 사유가 된 재난을 포함함]으로 생기는 이재민의 구호금품의 가액(해외기부금도 포함), 사립학교에 대한 시설비 · 교육비 · 장학금 · 연구비로 지출하는 기부금, 사회복지공동모금회 등 법령으로 정한 기부금

② **우리사주조합기부금(소득금액의 30%한도기부금)** : 협력업체 등 다른 법인의 우리사주조합에 대한 기부금

③ **일반기부금[소득금액의 10%(사회적기업은 20%)한도기부금]** : 사회복지법인, 종교단체, 의료법인 등 법령에 정한 기부금, 학교의 장이 추천하는 개인에게 교육비 · 연구비 · 장학금으로 지출하는 기부금 등 법령으로 정한 기부금

④ **비지정기부금(전액 손금불산입)** : 법령에 열거된 대상 외의 대상에 대한 기부금. 예를 들면 향우회 · 동창회 · 종친회 기부금 등

5. 기부금한도액

(1) 기준금액의 계산

$$\text{기준금액} = \underbrace{\begin{matrix}\text{차 가 감}^{*1}\\ \text{소득금액}\end{matrix} + \left(\begin{matrix}\text{특 례}\\ \text{기부금}\end{matrix} + \begin{matrix}\text{우리사주조합}\\ \text{기 부 금}\end{matrix} + \begin{matrix}\text{일 반}\\ \text{기부금}\end{matrix}\right)}_{\text{법 규정상 "기준소득금액"}} - \text{이월결손금}^{*2}$$

*1 차가감소득금액이란 "기부금한도초과액의 손금불산입"과 "기부금한도초과이월액의 손금산입"을 제외한 모든 세무조정이 완료된 후의 소득금액을 말한다.

*2 여기서 이월결손금이란 다음 금액을 말한다.

① 각 사업연도 개시일 전 15년(2020. 1. 1. 전에 개시하는 사업연도에 발생한 결손금은 종전 규정에 따라 10년) 이내에 개시한 사업연도에서 발생한 세법상 결손금으로서 그 후의 각 사업연도의 과세표준에 있어서 공제되지 아니한 금액을 말한다.

② "p213. (2). 2). ②"의 80%한도 적용 법인은 기준소득금액의 80%를 한도로 이월결손금을 뺀다.

→ ∴ 일반적인 비중소기업의 경우 위 산식의 이월결손금으로 'min(이월결손금, 기준소득금액×80%)'을 차감함

(2) 한도액

구 분	한 도 액
특례기부금	기준금액 × 50%
우리사주조합 기부금	(기준금액 − 특례기부금 인정액*) × 30%
일반기부금	(기준금액 − 특례기부금 인정액* − 우리사주조합기부금 인정액*) × 10%(사회적기업은 20%)

* 전 단계에서 적정성여부의 검증이 완료된 기부금의 손금인정액을 차감한 금액을 기준으로 각각의 한도액을 계산한다.

6. 기부금에 대한 세무조정

특례기부금, 우리사주조합기부금, 일반기부금 순서로 다음과 같이 세무조정한다.

① 한도초과액이 발생하는 경우 : 손금불산입(기타사외유출)*
② 한도미달액이 발생하는 경우 : 세무조정 없음

* 특례기부금 및 일반기부금 한도초과 손금불산입액의 처리방법

- 다음 사업연도 개시일부터 10년간 이월하여 그 이월된 사업연도의 특례기부금 및 일반기부금 각각의 손금산입한도액의 범위에서 손금산입한다. → 우리사주조합기부금은 한도초과액 이월 규정 없음
- 위와 같이 손금산입하는 경우에는 이월된 금액을 해당 사업연도에 지출한 기부금보다 먼저 손금에 산입한다. 이 경우 이월된 금액은 먼저 발생한 이월금액부터 손금에 산입한다.

사례 당기 특례기부금 지출액은 60, 한도액은 70이고 전기에 발생하여 당기로 이월된 특례기부금 한도초과액이 20 있는 경우 당기 특례기부금 세무조정

구분	기부금	한도			한도초과
특례	60		70		10 손금불산입 (기타사외유출)
		이월액	△20*	손금산입(기타)	
			50		

* 이월액을 당기 기부금보다 먼저 손금에 산입한다.

예제 기부금 세무조정

중소기업인 ㈜우리경영의 제20기(1. 1. ~ 12. 31.)의 다음 자료를 기초로 각사업연도소득금액을 계산하시오.

1. 제20기의 당기순이익은 360,000,000원이다.
2. 제18기에 발생하여 제20기로 이월된 결손금은 390,000,000원이다.
3. 손익계산서상 기부금계정의 내역은 다음과 같다.
   ① 천재지변으로 생긴 이재민 구호금품 : 130,000,000원
   ② 사회복지법인에 대한 고유목적사업비 : 45,000,000원
   ③ 향우회(법인) 기부금 : 5,000,000원

해답

1. 세무조정

〈손금불산입〉 비지정기부금　　5,000,000(기타사외유출)

2. 차가감소득금액

당기순이익	360,000,000
손금불산입(비지정기부금)	5,000,000
차가감소득금액	365,000,000

3. 기부금한도계산

기부금	한도	초과액
특례 : 130,000,000	150,000,000* × 50% = 75,000,000	55,000,000 손금불산입
일반 : 45,000,000	(150,000,000−75,000,000) × 10% = 7,500,000	37,500,000 손금불산입

* 기준금액 : 차가감소득금액 + 특례기부금 + 일반기부금 − 이월결손금
= 365,000,000 + 130,000,000 + 45,000,000 − 390,000,000 = 150,000,000

4. 각사업연도소득금액

차가감소득금액	365,000,000
기부금한도초과액 : 55,000,000 + 37,500,000 =	92,500,000
기부금한도초과 이월액	−
각사업연도소득금액	457,500,000

해설

[정리] 기부금 관련 세무조정의 접근방법

〈1단계〉 차가감소득금액의 계산

〈2단계〉 기부금 해당액의 계산

한도계산대상이 되는 특례기부금, 우리사주조합기부금, 일반기부금 해당액을 계산한다.

〈3단계〉 한도초과액의 계산

특례기부금, 우리사주조합기부금, 일반기부금 순서로 한도초과액 계산

〈4단계〉 각사업연도소득금액의 계산

6절 감가상각비

1. 감가상각의 개념

감가상각이란 유형자산 및 무형자산의 취득가액을 그 자산의 내용연수동안 비용으로 배분하는 과정을 말한다.

사례 기초에 취득한 건물의 취득가액은 100, 내용연수는 5년, 정액법을 적용하는 경우 100의 취득가액을 매년 "$100 \times \frac{1}{5} = 20$"씩 5년간 비용으로 배분하는 과정

2. 감가상각자산의 범위

감가상각은 다음의 유형자산 및 무형자산에 대하여 행한다.

구 분	범 위
유형자산	건물(부속설비를 포함함) 및 구축물, 차량 및 운반구 · 공구 · 기구 및 비품, 선박 및 항공기, 기계 및 장치, 동물 및 식물, 기타 위와 유사한 유형자산
무형자산	① 개발비 · 사용수익기부자산가액 · 주파수이용권 · 공항시설관리권 · 항만시설관리권 등
	② 특허권, 영업권(합병 · 분할로 인하여 합병법인 등이 계상한 영업권은 제외) 등 위 "①" 외의 일반무형자산)

다음은 감가상각자산이 아니다.

① 건설업 영위법인의 미분양아파트 등 재고자산
② 토지 · 서화 · 골동품 등 시간의 경과에 따라 가치가 감소되지 않는 자산
③ 건설중인 자산 등 사업에 사용하지 아니하는 자산

3. 감가상각시부인계산

감가상각시부인계산이란 회사가 계상한 감가상각비와 상각범위액(세법상 감가상각비 한도액)을 비교하여 회사계상 감가상각비를 시인할 것인지 부인할 것인지의 여부를 결정하는 절차를 말한다.

경 우	명 칭	당기의 세무조정	당기 이후의 사후관리
회사 상각비 > 상각 범위액	상각 부인액	손금불산입 (유보)	차기 이후에 시인부족액이 발생하는 경우에 그 시인부족액의 범위에서 손금산입(△유보)으로 추인
회사 상각비 < 상각 범위액	시인 부족액	세무조정 없음 (∵ 결산조정)	사후관리 불필요

감가상각비의 세무조정과정을 요약하면 다음과 같다.

① 상각부인액이 발생하면 무조건 손금불산입(유보)한다.

② 시인부족액이 발생하면 다음과 같이 접근하여 세무조정한다.

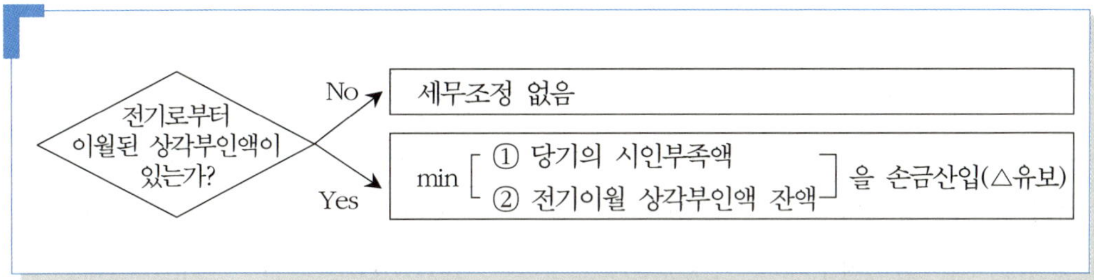

사 례 1기. 1. 1. 건물 취득(취득가액 300, 내용연수 3년, 정액법), 상각범위액은 $300 \times \frac{1}{3} = 100$

구 분	1 기	2 기	……	101기	102기	103기
회사상각비	—	—	—	300	—	—
상각범위액	100	100	100	100	100	100
차 이	△100	△100	△100	200	△100	△100
조 정	—	—	—	손금불산입 200(유보)	min(100, 200)= 100손금산입(△유보)	min(100, 100)= 100손금산입(△유보)

• 103기까지 손금인정된 금액 : (101기)100 + (102기)100 + (103기)100 = 300

4. 감가상각제도의 특징 : 임의상각제도(결산조정)

법인은 상각범위액(각 사업연도에 손금에 산입할 수 있는 최고한도액)의 범위에서 감가상각 여부 및 감가상각 금액을 선택할 수 있다(임의 상각제도). 이와 같이 선택권이 부여되었으므로 그 선택의 의사표시로 결산서에 비용처리해야만 손금인정받을 수 있다(결산조정항목).

예제 감가상각 시부인계산

다음 자료를 기초로 (주)우리경영의 감가상각비와 관련된 세무조정을 하시오. 다만, 비품에는 전기로부터 이월된 상각부인액 500,000원이 있다.

구 분	기계장치	비품	특 허 권
회사계상감가상각비	4,000,000원	18,000,000원	9,000,000원
상 각 범 위 액	2,500,000원	19,000,000원	10,000,000원

해답

다음과 같이 각 자산별로 세무조정한다.

구 분	기계장치	비품	특 허 권
회사계상감가상각비	4,000,000	18,000,000	9,000,000
상 각 범 위 액	2,500,000	19,000,000	10,000,000
상 각 부 인 액	1,500,000	△1,000,000	△1,000,000
세 무 조 정	손금불산입	손금산입 500,000*1	세무조정 없음*2

*1 min(① 당기 시인부족액 : 1,000,000, ② 전기이월 상각부인액 잔액 : 500,000) = 500,000

*2 전기로부터 이월된 상각부인액이 없으므로 당기의 세무조정은 없다.

5. 상각범위액

5.1 계산요소 : 취득가액, 내용연수, 잔존가액

(1) 취득가액

취득가액이란 매입가액·제작원가에 부대비용을 가산한 금액을 말하며, 자본적지출액은 취득가액에 더한다.

자 본 적 지 출*1	수 익 적 지 출*2
① 본래의 용도를 변경하기 위한 개조 ② 엘리베이터 또는 냉난방장치의 설치 ③ 빌딩에 있어서 피난시설 등의 설치 ④ 재해 등으로 인하여 멸실 또는 훼손되어 해당 자산의 본래의 용도에 이용할 가치가 없는 건축물·기계·설비 등의 복구 ⑤ 그 밖에 개량·확장·증설 등 위와 유사한 성질의 것	① 건물 또는 벽의 도장 ② 각종 소모품의 대체 : 파손된 유리나 기와의 대체, 기계의 소모된 부분품 또는 벨트의 대체, 자동차 타이어의 대체 등 ③ 재해를 입은 자산에 대한 외장의 복구·도장 및 유리의 삽입 ④ 그 밖에 조업가능한 상태의 유지 등 위와 유사한 성질의 것

*1 자본적 지출이란 감가상각자산의 내용연수를 연장시키거나 그 자산의 가치를 현실적으로 증가시키는 수선비를 말하며, 이 금액은 취득원가에 더하여 감가상각과정을 통하여 비용으로 배분한다.

*2 수익적 지출이란 감가상각자산의 원상회복이나 능력유지 등을 위하여 지출한 수선비를 말하며, 이 금액은 즉시 비용처리한다.

(2) 내용연수

세법에서 내용연수는 상각범위액계산시 적용하는 상각률을 결정하는 역할을 한다.

기업회계에서는 내용연수를 합리적으로 추정하여 적용할 수 있으나, 세법에서는 임의적인 과세소득의 조작을 방지하기 위하여 내용연수의 추정을 인정하지 않고 다음과 같이 자산별·업종별·구조별로 별도로 정하고 있다.

<table>
<tr><th></th><th>구 분</th><th>내 용</th><th>비 고</th></tr>
<tr><td>[별표 2]</td><td>시험연구용자산</td><td rowspan="2">자산의 종류별로 내용연수 규정</td><td rowspan="2">내용연수의 선택이 불가능</td></tr>
<tr><td>[별표 3]</td><td>아래 “법령 26”의 자산 외의 일반 무형자산(특허권 등)</td></tr>
<tr><td>[별표 5]</td><td>건축물 등</td><td>자산종류 또는 건축물 구조별로 내용연수 규정</td><td rowspan="2">기준내용연수의 25%를 가감한 범위에서 내용연수 선택가능*</td></tr>
<tr><td>[별표 6]</td><td>업종별자산</td><td>업종별로 내용연수 규정</td></tr>
<tr><td rowspan="4">법령 26</td><td>개발비</td><td colspan="2">20년 이내에서 선택</td></tr>
<tr><td>사용수익기부자산가액</td><td colspan="2">사용수익기간(특약이 없는 경우 내용연수)동안 균등상각</td></tr>
<tr><td>주파수이용권 · 공항시설관리권 · 항만시설관리권</td><td colspan="2">사용시간에 따라 균등상각</td></tr>
<tr><td>유사무형자산</td><td colspan="2">기업회계기준에 따라 신고한 내용연수에 따라 상각</td></tr>
</table>

* 건축물 등(별표 5)과 업종별 자산(별표 6)의 경우 “기준내용연수의 상하 25%의 내용연수범위에서 신축적으로 선택”하여 납세지 관할세무서장에게 신고한 내용연수를 적용하며, 신고기한 내에 신고하지 않은 경우에는 기준내용연수를 적용한다.

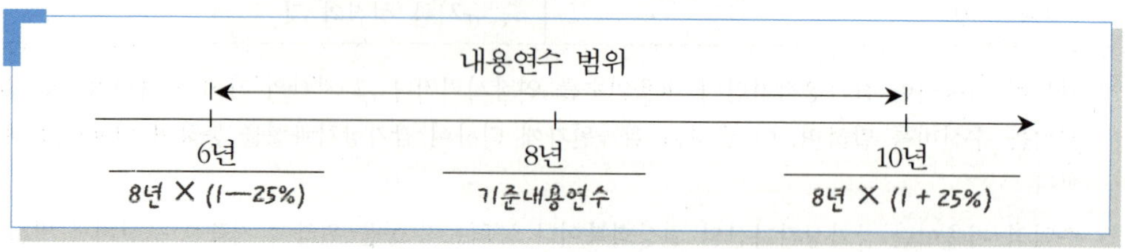

(3) 잔존가액

1) 원 칙

기업회계에서는 감가상각자산의 잔존가액을 합리적으로 추정하여 적용할 수 있으나, 세법에서는 임의적인 추정을 인정하지 않고 잔존가액을 ‘0(zero)’으로 규정하고 있다.

2) 정률법 적용시 특례

정률법을 적용하는 경우에는 취득가액의 5%를 잔존가액으로 한다. 취득가액의 5%에 해당하는 금액은 그 자산에 대한 미상각잔액이 최초로 취득가액의 5% 이하가 되는 사업연도의 상각범위액에 가산한다. 따라서 상각이 완료되면 잔존가액은 0이 된다.

취 지 취득가액의 5%를 잔존가액으로 하는 이유 : 정률법 상각률은 ‘$1-\sqrt[n]{잔존가액/취득원가}$’로 계산하므로 잔존가액이 없으면 상각률을 계산할 수 없기 때문이다.

5.2 자산별 감가상각방법

(1) 유형자산과 아래 "(2)" 외의 일반 무형자산

구 분	다음 중 신고한 방법	무신고시
건축물, 일반 무형자산	정액법	정액법
광업권*, 폐기물매립시설	정액법 또는 생산량비례법	생산량비례법
광업용 유형자산	정액법 · 정률법 또는 생산량비례법	생산량비례법
위 외의 유형자산	정액법 또는 정률법	정률법

* 「해저광물자원 개발법」에 의한 채취권을 포함한다.

취 지 건축물과 특허권 등 일반 무형자산은 자산의 성격상 내용연수동안 평균적으로 사용하므로 정액법만 인정한다. 나머지 자산도 정액법을 원칙으로 하되, 건축물 · 광업권 · 폐기물매립시설 외의 유형자산에 대해서는 가속상각방법인 정률법을, 광업관련 자산과 폐기물매립시설에 대해서는 생산량비례법을 선택할 수 있도록 하였다.

(2) 개발비 · 사용수익기부자산가액 · 주파수이용권 · 공항시설관리권 · 항만시설관리권 등

구 분	신고시 상각방법	무신고시 상각방법
개 발 비	관련제품의 판매 · 사용이 가능한 시점부터 20년의 범위에서 연단위로 신고한 내용연수에 따라 매사업연도별 경과월수에 비례하여 상각(월할상각)	관련제품의 판매 · 사용이 가능한 시점부터 5년동안 매년 균등액을 상각(월할상각)
사용수익기부자산가액	사용수익기간에 관한 특약이 있으면 그 사용수익기간(특약이 없으면 신고내용연수)에 따라 균등하게 안분한 금액을 상각*(월할상각)	
주파수이용권 · 공항시설관리권 · 항만시설관리권	주무관청에서 고시하거나 주무관청에 등록한 기간 내에서 사용기간에 따라 균등액을 상각(월할상각)	
유사 무형자산	연단위로 신고한 기업회계기준에 따른 내용연수에 따라 매 사업연도별 경과월수에 비례하여 상각	5년동안 매년 균등액을 상각

* 사용수익기간 또는 신고내용연수기간 중에 멸실되거나 계약이 해지된 경우에는 미상각잔액 전액 상각한다[예 : 1기에 발생한 사용수익기부자산가액 100을 1기에 10, 2기에 10 상각한 상태에서 3기에 계약이 해지되면 미상각잔액 80을 상각한다].

5.3 상각범위액의 계산

구 분	상각범위액
정 액 법	세법상 취득가액 × 정액법상각률
정 률 법	세법상 장부가액(미상각잔액) × 정률법상각률 = (세법상 취득가액－세법상 감가상각누계액) × 정률법상각률
생 산 량 비 례 법	세법상 취득가액 × $\dfrac{\text{당기 중 그 광구에서의 채굴량}}{\text{그 자산이 속하는 광구의 총채굴예정량}}$

예제 정액법과 정률법

다음은 (주)우리경영의 제5기와 제6기의 감가상각자료이다. 각 사업연도는 1월 1일부터 12월 31일이다.

1. 기계장치를 제5기 1월 1일에 500,000,000원에 취득하였다.
2. 신고내용연수는 5년이며, 이에 대한 정액법 상각률은 0.200, 정률법 상각률은 0.451이다.
3. 회사가 비용계상한 감가상각비는 제5기에는 300,000,000원, 제6기에는 100,000,000원이다.

[물 음]

다음 각 경우별로 제5기의 제6기의 세무조정을 하시오.

1. 정액법으로 상각방법을 신고한 경우
2. 정률법으로 상각방법을 신고한 경우

해답

1. 정액법의 경우

(1) 제5기

① 회사상각비 : 300,000,000

② 상각범위액 : 세법상 취득가액 × 정액법상각률 = 500,000,000 × 0.200
= 100,000,000

③ 상각부인액 : 200,000,000(손금불산입 · 유보)

(2) 제6기

① 회사상각비 : 100,000,000

② 상각범위액 : 500,000,000 × 0.200 = 100,000,000

③ 상각부인액 : 0(세무조정 없음)

2. 정률법의 경우

(1) 제5기

① 회사상각비 : 300,000,000

② 상각범위액 : 세법상 장부가액 × 정률법상각률 = 500,000,000 × 0.451
= 225,500,000

③ 상각부인액 : 74,500,000(손금불산입 · 유보)

(2) 제6기

① 회사상각비 : 100,000,000

② 상각범위액 : 세법상 장부가액 × 정률법상각률
= (세법상 취득가액－세법상 감가상각누계액) × 정률법상각률
= [500,000,000－(300,000,000－74,500,000)] × 0.451 = 123,799,500

③ 상각부인액 : △23,799,500 → min(① 당기 시인부족액 : 23,799,500, ② 전기이월 상각부인액 : 74,500,000) = 23,799,500(손금산입 · △유보)

제 5 장

과세표준의 계산

1. 계산구조

법인세 과세표준은 각사업연도소득금액에서 이월결손금 · 비과세소득 · 소득공제액을 차례대로 공제하여 계산한다.

구 조	비 고
각사업연도소득금액 Ⓐ (−) 이 월 결 손 금 Ⓑ (−) 비 과 세 소 득 Ⓒ (−) 소 득 공 제 Ⓓ	
과 세 표 준	Ⓐ에서 Ⓑ, Ⓒ, Ⓓ를 차례대로 공제하여야 한다.

2. 이월결손금

(1) 개 념

세법상 결손금이란 손금의 총액이 익금의 총액을 초과하는 경우 그 초과하는 금액을 말한다. 이러한 결손금이 차기로 이월된 경우 그 금액을 이월결손금이라고 한다.

하나의 사업연도에서 결손금이 발생한 경우 그 결손금을 다음과 같이 이월공제 또는 소급공제한다.

① 원칙 : 15년(2020. 1. 1. 전에 개시하는 사업연도에 발생한 결손금은 종전 규정에 따라 10년)간 이월하여 공제함을 원칙으로 한다.

② 예외 : 중소기업에 한하여 직전 사업연도의 소득금액에서 소급하여 공제할 수 있다.

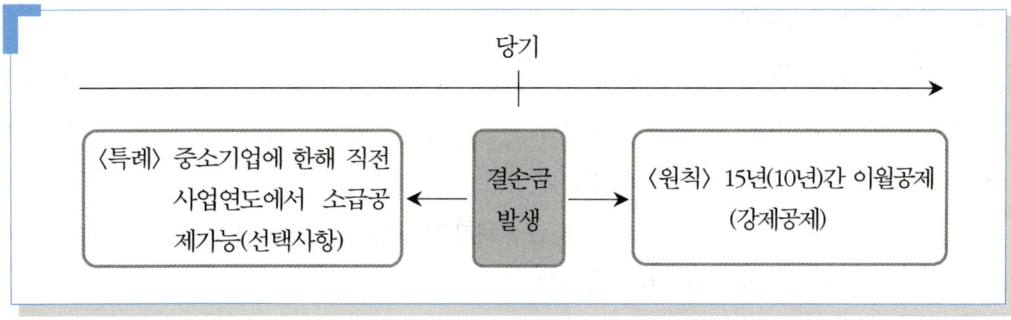

(2) 결손금의 이월공제

1) 공제 대상 이월결손금

법인세 과세표준을 계산할 때 공제하는 이월결손금이란 각 사업연도 개시일 전 15년(2020. 1. 1. 전에 개시하는 사업연도에 발생한 결손금은 종전 규정에 따라 10년) 이내에 개시한 사업연도에서 발생한 결손금으로서 결손금 발생 후 각 사업연도의 과세표준을 계산할 때 공제(소멸)되지 아니한 금액이다.

공제기간 이내분 이월결손금으로 두개 사업연도 이상에서 발생되어 이월된 결손금이 있는 경우에는 먼저 발생한 사업연도의 결손금부터 차례대로 공제한다.

2) 법인별 공제금액

① 중소기업 및 법에 따라 법원이 인가결정한 회생계획을 이행중인 법인 등 법령에 정한 법인은 공제가능한 결손금 전액(100%)을 공제한다.

② 비중소기업 등 위 외의 법인 : 공제가능한 결손금을 각 사업연도 소득의 80% 범위에서 공제한다. → ∴ min(당기에 공제가능한 이월결손금, 각사업연도소득금액×80%)을 공제

사례 중소기업이 아닌 갑법인에게 제20기(당기)로 이월된 결손금으로 제8기에서 발생한 5,000,000원, 제10기에 발생한 10,000,000원이 있는 경우 제20기의 과세표준은? 다만, 제20기의 각사업연도소득금액은 12,000,000이며, 각 사업연도는 1월 1일부터 12월 31일이다.

- 과세표준 : 각사업연도소득금액 − 이월결손금 = 12,000,000 − 9,600,000* = 2,400,000

  * min[10년 이내 이월결손금 : 10,000,000, 한도 : 각사업연도소득금액(12,000,000)×80% =9,600,000] = 9,600,000

(3) 결손금의 소급공제

결손금은 이월공제하는 것이 원칙이나, 중소기업의 자금부담 완화 목적으로 중소기업에 한하여 직전 사업연도의 소득금액에서 소급하여 공제할 수 있다. 이 경우 이미 납부한 직전 사업연도의 법인세를 환급받는다.

소급공제는 신청을 요건으로 하며, 소급공제하여 공제한 결손금은 소멸되므로 그 후 사업연도의 과세표준 계산시 다시 공제할 수 없다.

사 례 중소기업이 제20기에 발생한 결손금 20,000,000원 중 5,000,000원을 제19기 과세표준에서 소급공제한 경우 제21기 이후로 이월하여 공제받을 수 있는 결손금은 15,000,000원이다.

3. 비과세소득

비과세소득이란 익금항목으로 각사업연도소득금액에는 포함하지만 조세정책상의 목적으로 과세에서 제외하는 소득을 말한다. 비과세소득은 신청과 무관하게 적용하며, 이월공제되지 않는다.

비과세소득은 다음과 같다.

구 분	범 위
① 「법인세법」상 비과세소득	공익신탁의 신탁재산에서 생기는 소득*
② 「조세특례제한법」상 비과세소득	「조세특례제한법」에서 정하는 비과세소득

* 여기서 공익신탁이란 학술 · 종교 · 제사 · 자선 기타 공익을 목적으로 하는 신탁을 말한다.

4. 소득공제

소득공제란 조세정책적 목적에서 법령에 정한 요건을 충족하는 소득에 대하여 과세표준계산시 일정액을 공제하여 주는 제도를 말한다.

(1) 「법인세법」상 소득공제(배당소득공제)

유동화전문회사, 투자회사 · 투자목적회사 · 투자유한회사 · 투자합자회사(경영참여형 사모투자전문회사를 제외함) 및 투자유한책임회사, 기업구조조정투자회사, 기업구조조정부동산투자회사 및 위탁관리부동산투자회사, 선박투자회사, 문화산업전문회사, 해외자원개발투자회사로서 법에서 정하는 요건을 갖춘 회사가 "배당가능이익의 90% 이상을 배당한 경우" 해당 배당을 결의한 잉여금처분의 대상이 되는 사업연도의 소득금액에서 그 배당한 금액 전액을 공제한다.

이러한 소득공제를 받으려는 법인은 과세표준신고와 함께 소득공제신청서를 납세지관할세무서장에게 제출하여야 한다.

취 지 유동화전문회사 등은 실체가 없는 서류상의 회사(paper company)로 주주 등에게로 흘러들어가는 소득의 도관역할을 하므로 주주에게 배당하는 소득에 대해 법인단계에서 과세하면 이중과세문제가 발생하게 된다. 이러한 이중과세문제를 법인단계에서 조정하기 위하여 위와 같이 소득공제한다.

(2) 「조세특례제한법」상 소득공제

고용유지기업에 대한 소득공제, 자기관리부동산투자회사에 대한 소득공제, 프로젝트금융투자회사에 대한 소득공제 등의 규정을 두고 있다.

제 6 장

산출세액의 계산

1. 산출세액

다음과 같이 계산하되, 토지 등 양도소득에 대한 법인세, 미환류소득에 대한 법인세(투자·상생협력 촉진을 위한 과세특례를 적용하여 계산한 법인세)가 있으면 이를 합한 금액으로 한다(이하 "산출세액"이라 한다).

사업연도	산 출 세 액
1년인 경우	과세표준 × 세율*1
1년 미만인 경우	$(과세표준 \times \frac{12}{사업연도월수^{*2}}) \times 세율^{*1} \times \frac{사업연도월수^{*2}}{12}$

*1 세율 : 초과누진세율

과 세 표 준	세 율	
	일반법인	성실신고확인대상 사업자인 "p196. 4)"에 해당하는 법인
2억원 이하	9%	19%
2억원 초과 200억원 이하	1,800만원 + 2억원 초과액 × 19%	
200억원 초과 3천억원 이하	37억 8천만원 + 200억원 초과액 × 21%	38억원 + 200억원 초과액 × 21%
3천억원 초과	625억 8천만원 + 3,000억원 초과액 × 24%	626억원 + 3,000억원 초과액 × 24%

*2 사업연도 월수 : 태양력에 따라 계산하되, 1개월 미만은 1개월로 한다.

예제 산출세액의 계산

(주)우리경영의 다음 자료를 기초로 제1기 사업연도(×1년. 7. 10.~12. 31.)의 법인세 산출세액을 계산하시오.

1. 甲법인은 ×1년 7월 10일 설립한 법인이다.
2. 제1기 사업연도의 법인세계산과 관련된 자료는 다음과 같다.

① 각사업연도소득금액	200,000,000원
② 외국납부세액공제	4,000,000원
③ 공익신탁재산에서 발생한 소득	8,000,000원
④ 소득공제	2,000,000원

해답

1. 과세표준 : 각사업연도소득금액 − 비과세소득 − 소득공제
$= 200,000,000 - 8,000,000 - 2,000,000 = 190,000,000$

2. 산출세액 : $190,000,000 \times \frac{12}{6} \times$ 세율 $\times \frac{6}{12}$
$= [18,000,000+(380,000,000-200,000,000)\times 19\%] \times \frac{6}{12} = 26,100,000$

2. 토지 등의 양도소득이 있는 법인의 경우

법령으로 정한 주택 및 별장, 비사업용토지, 조합원입주권 및 분양권의 양도소득이 있는 법인(내국법인 · 외국법인, 영리법인 · 비영리법인을 불문한다)의 경우에는 다음의 금액을 법인세 산출세액으로 한다.

> 법인세 산출세액 = 각 사업연도 소득에 대한 법인세 + 토지 등 양도소득에 대한 법인세

취 지 법인의 부동산 투기방지를 위하여 양도소득에 대하여 이중과세함

토지 등 양도소득에 대한 법인세의 계산구조는 다음과 같다.

	토지 등의 양도금액	
(−)	양도당시의 장부가액	
	양 도 소 득	
(×)	세 율	… 주택 및 별장은 20%(미등기자산은 40%), 비사업용토지는 10%(미등기자산은 40%), 조합원입주권 및 분양권은 20%
	산 출 세 액	

사 례 양도가액 3억원, 장부가액 1억원, 양도비용 5,000,000원의 등기된 주택을 양도한 경우

총법인세 부담액 : ① + ② = 57,550,000

① 각사업연도소득에 대한 법인세 : (3억원−1억원−5,000,000) × 9% = 17,550,000

② 토지 등 양도소득에 대한 법인세 : (3억원−1억원) × 20% = 40,000,000

3. 미환류소득에 대한 법인세(투자 · 상생협력 촉진을 위한 과세특례를 적용하여 계산한 법인세)

(1) 개 요

기업소득과 가계소득간 선순환을 유도하기 위하여 기업소득 중 투자, 임금 등으로 환류하지 아니한 소득이 있는 경우에는 그 미환류소득의 20%를 각사업연도소득에 대한 법인세액에 추가하여 납부하여야 한다. → 적용기한 : 2025. 12. 31.이 속하는 사업연도까지

> 법인세 산출세액 = 각 사업연도 소득에 대한 법인세 + 미환류소득에 대한 법인세

(2) 적용대상 법인

각 사업연도 종료일 현재 상호출자제한기업집단에 속하는 법인은 미환류소득에 대한 법인세 납부의무가 있다.

(3) 계산구조

다음 중 하나의 방법을 선택하여 계산한다. → 산정한 금액이 양수인 경우에는 "미환류소득"이라 하고, 산정한 금액이 음수인 경우에는 음의 부호를 뗀 금액을 "초과환류액"이라 한다.

〈방법1〉 투자액 차감방식 : 기업소득 × 70%*1 − (투자액+임금증가액+특정출연금×3)
〈방법2〉 투자액 미차감방식 : 기업소득 × 15%*2 − (임금증가액+특정출연금×3)

*1 60%에서 80% 이내의 범위에서 대통령령으로 정한 비율

*2 10%에서 20% 이내의 범위에서 대통령령으로 정한 비율

사 례 당기에 최초로 미환류소득에 대한 법인세 과세대상이 된 법인의 계산대상 기업소득은 100억원, 투자액은 10억원, 임금증가액은 2억원, 배당액은 3억원, 특정출연금은 1억원인 경우 세부담 최소화 가정하에 미환류소득에 대한 법인세를 계산하시오. 다만, 미환류소득에 대한 법인세를 전액 당기에 납부한다고 가정한다.

(1) 미환류소득 : min(①, ②) = 10억원

① 100억원 × 70% − 10억원 − 2억원 − 1억원 × 3 = 55억원

② 100억원 × 15% − 2억원 − 1억원 × 3 = 10억원

(2) 미환류소득 법인세 : 10억원 × 20% = 2억원

제 7 장

차감납부세액과 신고·납부

1절 차감납부세액

1. 계산구조

	산 출 세 액	
(−)	세 액 감 면	…「조세특례제한법」상 세액감면
(−)	세 액 공 제	…「법인세법」과 「조세특례제한법」상 세액공제
(+)	가 산 세	
(+)	감면분추가납부세액	
	총 부 담 세 액	
(−)	기 납 부 세 액	… 원천징수세액 · 중간예납세액 · 수시부과세액
	차감납부할세액	

2. 세액감면

세액감면이란 조세정책적 목적으로 법인세 산출세액의 전부를 면제하거나 또는 산출세액의 일정비율을 경감하는 제도를 말한다. 「조세특례제한법」에는 다양한 세액감면규정이 있다.

$$감면세액 = 법인세\ 산출세액^{*} \times \frac{(감면대상소득금액 - 이월결손금 \cdot 비과세소득 \cdot 소득공제액)}{과세표준} \times 감면율$$

* 여기서 법인세산출세액이란 토지 등 양도소득에 대한 법인세와 미환류소득에 대한 법인세를 제외한 금액을 말한다.

3. 세액공제

세액공제란 법령에 정한 요건을 충족한 법인에 대하여 조세정책적 목적으로 산출세액에서 일정금액을 공제하는 제도를 말한다. 「법인세법」과 「조세특례제한법」에 규정된 다양한 세액공제제도가 있는데, 여기서는 「법인세법」상 세액공제제도에 대하여 설명하기로 한다.

3.1 외국납부세액공제

“p182. (3) 외국자회사 수입배당금 익금불산입” 규정의 적용대상이 되는 수입배당금에 대해서는 아래 “3.1 외국납부세액공제” 규정을 적용하지 아니한다.

(1) 개 요

내국법인은 국내원천소득은 물론 국외원천소득에 대하여도 법인세 납세의무를 진다. 그런데 국외원천소득에 대하여는 해당소득이 발생하는 국가에서 법인세 납부할 것이므로 이를 다시 우리나라에서 과세하면 국제적인 이중과세문제가 발생하게 된다. 이를 조정하기 위하여 세법에서는 외국에서 납부한 법인세가 있는 때에는 그 외국법인세액을 해당 사업연도의 산출세액에서 공제할 수 있도록 하고 있다.

(2) 외국법인세액의 범위

> 외국법인세액* = 직접외국납부세액 + 의제외국납부세액 + 간접외국납부세액

* 가산세를 제외한다.

1) 직접외국납부세액

외국정부(지방자치단체 포함)에 납부하였거나 납부할 세액으로서 내국법인의 각 사업연도의 과세표준에 포함된 국외원천소득에 대하여 직접적으로 납부하였거나 납부할 것으로 확정된 세액을 말한다.

2) 의제외국납부세액

의제외국납부세액이란 내국법인이 조세조약의 상대국에서 국외원천소득에 대하여 법인세를 감면받은 세액상당액으로서, 실제로 납부하지는 않았지만 조세조약이 정하는 범위에서 납부한 외국법인세액으로 보아 공제하는 금액을 말한다.

3) 간접외국납부세액

내국법인의 각사업연도소득금액에 외국자회사로부터 받은 수입배당금이 포함되어 있는 경우에는 외국자회사가 납부한 법인세액 중 일정액(이를 "간접외국납부세액"이라 함)을 내국법인이 납부한 것으로 간주한다.

① **외국자회사요건**

외국자회사란 배당기준일 현재 6개월 이상 계속하여 의결권 있는 발행주식총수 또는 출자총액의 10%(해외자원개발사업을 하는 외국법인의 경우에는 5%) 이상을 출자하고 있는 법인을 말한다.

② **간접외국납부세액의 계산**

다음과 같이 계산한다.

$$\text{간접외국납부세액} = \text{외국자회사의 해당 사업연도 법인세액} \times \frac{\text{외국자회사로부터의 수입배당금}}{\text{외국자회사의 소득금액} - \text{외국자회사의 법인세액}}$$

사례 외국에 소재하는 A법인에 전연도 초부터 30% 출자하고 있다. A법인으로부터 받은 수입배당금은 48,000,000(외국자회사 수입배당금 익금불산입 규정 적용대상이 아님)이며, A법인의 소득금액은 200,000,000원, 법인세액은 80,000,000인 경우 간접외국납부세액은?

1. 요건충족 여부 : 6개월 이상 계속하여 10%이상 출자하였으므로 계산대상

2. 계산 : $80,000,000 \times \dfrac{48,000,000}{200,000,000 - 80,000,000} = 32,000,000$

③ 간접외국납부세액을 세액공제 받는 경우 세무조정구조

간접외국납부세액을 세액공제 받으려는 경우에는 그 간접외국납부세액을 "익금에 산입한 후 세액공제"하여야 한다. 이 과정을 그림으로 설명하면 다음과 같다.

→ 「소득세법」상 Gross-up제도(배당세액공제제도)와 유사

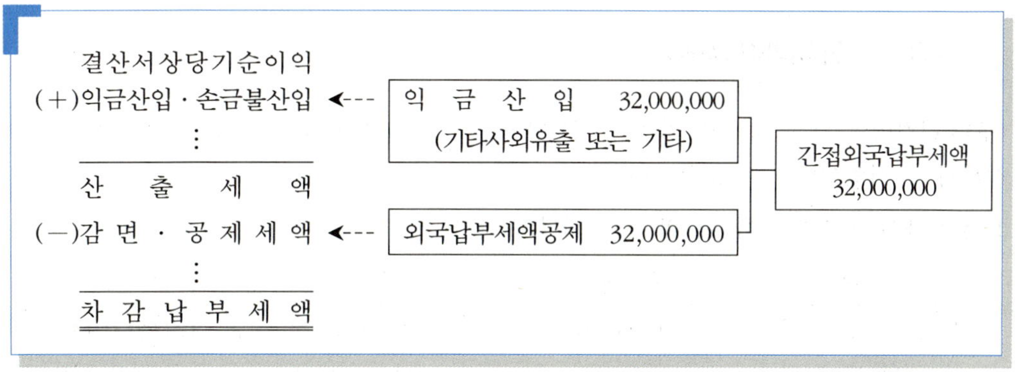

(3) 외국납부세액공제액의 계산방법

외국납부세액공제액은 다음과 같이 계산한다.

- 외국납부세액공제 : min(①, ②)
  ① 외국법인세액
  ② 한도액 : 법인세 산출세액* × $\dfrac{\text{국외원천소득에 대한 과세표준}}{\text{해당 사업연도의 과세표준}}$

* 토지 등 양도소득에 대한 법인세액와 미환류소득에 대한 법인세액를 제외한 금액을 말한다.

1) 국외사업장이 2 이상의 국가에 있는 경우 : 국별한도방식 적용

국외사업장이 2 이상의 국가에 있는 경우에는 국가별로 구분하여 한도액을 계산한다.

2) 외국납부세액공제의 이월공제

외국납부세액이 공제한도를 초과하는 경우 그 초과하는 금액은 해당 사업연도의 다음 사업연도 개시일부터 10년 이내에 끝나는 각 사업연도에 이월하여 그 이월된 사업연도의 공제한도 범위에서 공제받을 수 있다. 다만, 이월공제기간 내에 공제받지 못한 경우 그 공제받지 못한 외국법인세액은 이월공제기간의 종료일 다음 날이 속하는 사업연도의 소득금액을 계산할 때 손금에 산입할 수 있다.

예제 외국납부세액공제

(주)우리경영의 다음 자료를 기초로 세부담최소화 가정에 따라 외국납부세액공제액을 계산하시오. 사업연도는 제10기(×10년. 1. 1.~12. 31.)이다.

1. 외국에서 발생한 소득 및 외국납부세액의 내역

구 분	국 내	A국	합 계
소 득 금 액	900,000,000	600,000,000*	1,500,000,000
외 국 납 부 세 액	–	200,000,000	200,000,000

* 회사가 세금과공과로 비용계상한 외국납부세액을 손금불산입한 후의 금액이다.

2. 이월결손금 · 비과세소득 · 소득공제액은 없다.

해답

1. 법인세 산출세액 : 18,000,000 + (1,500,000,000−200,000,000) × 19% = 265,000,000
2. 외국납부세액공제 : min(①, ②) = 106,000,000

   ① 외국납부세액 : 200,000,000

   ② 한도액 : $265,000,000 \times \dfrac{600,000,000}{1,500,000,000} = 106,000,000$

3.2 재해손실세액공제

(1) 개 요

법인이 사업연도 중에 천재 · 지변 기타 재해로 인하여 자산총액의 20% 이상을 상실하여 납세가 곤란하다고 인정되는 경우에는 법인세액에 재해상실비율을 곱하여 계산한 금액을 법인세 산출세액에서 공제한다.

(2) 재해상실비율(자산상실비율)의 계산

재해상실비율은 다음과 같이 계산한다.

$$\text{재해상실비율} = \frac{\text{상실된 자산총액}}{\text{상실전의 자산총액}}$$

1) 자산총액

자산총액이란 사업용자산(토지를 제외한다)과 타인 소유의 자산으로서 그 상실로 인한 변상책임이 해당 법인에게 있는 자산의 합계액을 말한다

2) 상실된 자산총액

재해로 인하여 수탁받은 자산을 상실하고 그 자산가액의 상당액을 보상하여 주는 경우에는 이를 포함한다.

재해자산이 보험에 가입되어 있어 보험금을 수령하더라도 상실된 자산총액을 계산할 때 그 보험금을 차감하지 아니한다.

(3) 재해손실세액공제액의 계산

재해손실세액공제는 다음과 같이 계산한다.

세액공제대상 법인세	재해손실세액공제액(한도 : 상실된 자산가액)
① 재해발생일 현재 미납된 법인세	미납된 법인세(가산세*1 및 가산금 포함) × 재해상실비율
② 재해발생일이 속하는 사업연도 소득에 대한 법인세	(법인세 산출세액 − 다른 법률에 의한 감면 · 공제세액*2 + 가산세*1) × 재해상실비율

*1 여기서 가산세란 장부의 기록 · 보관불성실가산세, 무신고가산세, 과소신고 · 초과환급신고가산세, 납부지연가산세, 원천징수등 납부지연가산세를 말한다.

*2 여기서 다른 법률에 의한 감면 · 공제세액이란 「법인세법」 외의 다른 법률에 의한 감면 · 공제세액을 말한다.

3.3 사실과 다른 회계처리(분식회계)로 인한 경정에 따른 세액공제

「국세기본법」에 따르면 경정청구로 인하여 환급세액이 발생하는 경우에는 결정을 한 날부터 30일 이내에 환급하여야 한다.

그러나 「법인세법」에서는 이에 대한 특례규정으로 법령으로 정한 요건*을 충족한 사실과 다른 회계처리(분식회계)를 하여 과세표준 및 세액을 과다하게 계상함으로써 경정을 청구하여 경정을 받은 경우에는 과다 납부한 세액을 환급하지 아니하고 그 경정일이 속하는 사업연도부터 각 사업연도의 법인세액에서 과다 납부한 세액을 공제하도록 하고 있다.

이 경우 각 사업연도별로 공제하는 금액은 과다 납부한 세액의 20%를 한도로 하고, 공제 후 남아 있는 과다 납부한 세액은 이후 사업연도에 이월하여 공제한다.

* 법령으로 정한 요건 : 다음 요건을 모두 충족하는 경우를 말한다.
① 사업보고서 및 감사보고서를 제출할 때 수익 또는 자산을 과다 계상하거나 손비 또는 부채를 과소 계상할 것
② 내국법인, 감사인 또는 그에 소속된 공인회계사가 법령에 정하는 경고 · 주의 등의 조치를 받을 것

4. 세액감면과 세액공제의 적용순서

법률에 별도의 규정이 있는 경우 외에는 다음에 따른다.

> ① 세액감면 → ② 이월공제가 인정되지 않는 세액공제 → ③ 이월공제가 인정되는 세액공제 → ④ 사실과 다른 회계처리로 인한 경정에 따른 세액공제

5. 기납부세액

기납부세액이란 각사업연도소득금액에 포함되어 있는 소득에 대하여 과세기간 중에 미리 납부한 세액을 말한다. 기납부세액으로 원천징수세액, 중간예납세액, 수시부과세액이 있다.

(1) 원천징수세액

1) 구 조

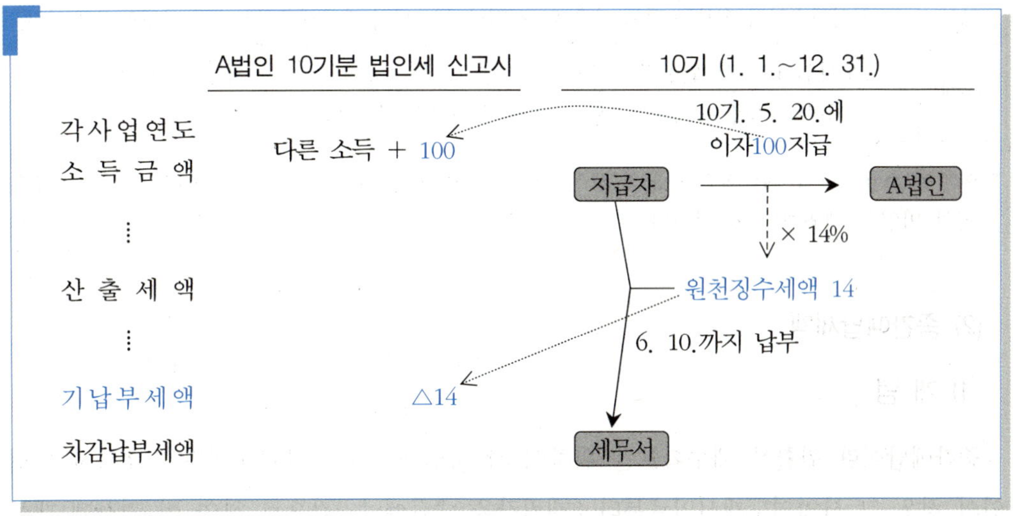

2) 원천징수 대상

법인에게 다음의 소득금액을 지급하는 자는 그 지급하는 금액에 원천징수세율을 적용하여 계산한 금액에 상당하는 법인세(1천원 이상인 경우에만 해당한다)를 징수하여야 한다.

원 천 징 수 대 상 소 득	원 천 징 수 세 율
① 이 자 소 득 금 액	14%(비영업대금의 이익은 25%. 다만, 온라인투자연계금융업자를 통하여 지급받는 이자는 14%)
② 집합투자기구로부터의 이익 중 투자신탁의 이익*	14%

* 「법인세법」에서는 배당소득 중 '②'의 투자신탁의 이익만을 원천징수대상으로 한다.

사례 일반법인이 A개인주주와 B법인주주에게 현금배당금을 지급하는 경우 A개인주주에게 지급하는 배당금은 「소득세법」에 따라 원천징수하여야 하나, B법인주주에게 지급하는 배당금은 투자신탁의 이익이 아니므로 「법인세법」에 따라 원천징수하지 아니한다.

3) 원천징수세액의 납부

구분	납 부 시 기
원칙	그 원천징수일이 속하는 달의 다음 달 10일까지 납세지 관할세무서장에게 납부하여야 한다.
특례	소규모사업자*로서 원천징수 관할세무서장으로부터 승인을 얻은 자는 그 징수일이 속하는 반기의 마지막 달의 다음 달 10일까지 납부할 수 있다.

* 여기서 소규모사업자란 직전 연도의 상시 고용인원이 20인 이하인 원천징수의무자(금융 · 보험업 영위 법인을 제외한다)를 말한다.

(2) 중간예납세액

1) 개 념

중간예납이란 원활한 세수확보를 위하여 각 사업연도의 기간이 6개월을 초과하는 법인의 경우 그 사업연도개시일로부터 6개월간을 중간예납기간으로 하여 이 기간에 대한 법인세를 사업연도 중간에 미리 납부하는 것을 말한다.

2) 구 조

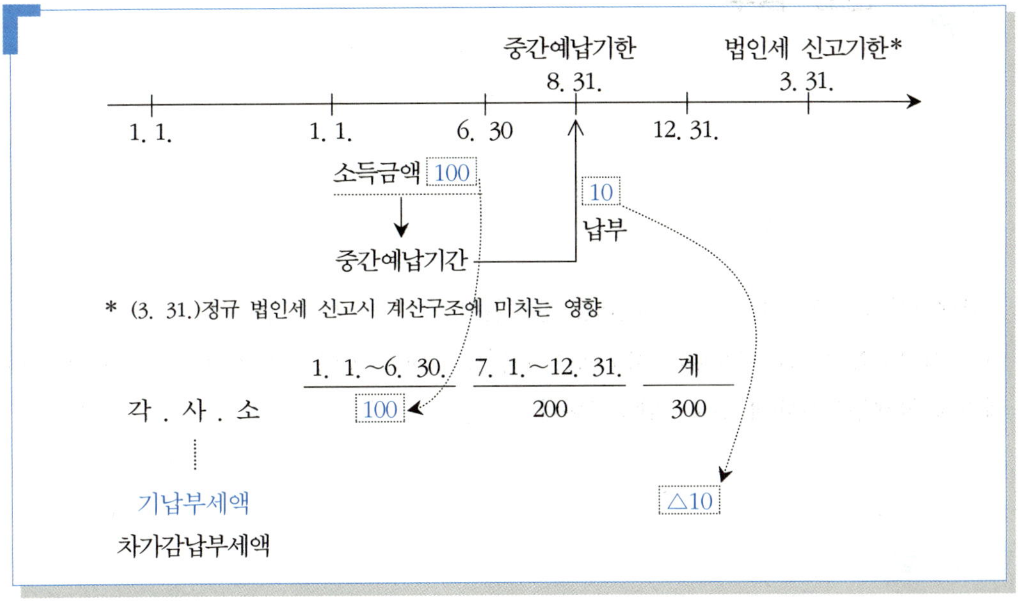

3) 중간예납세액의 계산방법

다음 중 한 가지 방법을 선택하여 계산한 중간예납세액을 납부하는 것이 원칙이다.

〈방법 1〉 직전 사업연도에 회사가 부담한 법인세액의 1/2 상당액을 중간예납세액으로 하는 방법
〈방법 2〉 해당 사업연도의 중간예납기간(6개월)의 실적을 기준으로 중간예납세액을 계산하는 방법

4) 중간예납세액의 납부

중간예납세액은 그 중간예납기간이 지난 날로부터 2개월 이내에 납부하여야 한다.

(3) 수시부과세액

수시부과란 조세를 포탈할 우려가 있다고 인정되는 상당한 이유가 있는 경우 납세지 관할세무서장 또는 관할지방국세청장이 사업연도 중에 수시로 그 법인에 대한 법인세를 부과할 수 있는 제도를 말한다.

수시부과세액을 납부한 법인은 정규 법인세를 납부할 때 수시부과로 납부한 세액을 기납부세액으로 차감한다.

2절 신고·납부

1. 신고 · 납부기한

납세의무가 있는 법인은 각 사업연도종료일이 속하는 달의 말일부터 3개월(내국법인이 성실신고확인서를 제출하는 경우에는 4개월) 이내에 법인세의 과세표준과 세액을 납세지 관할세무서장에게 신고 · 납부하여야 한다.

2. 분 납

납부할 세액이 1천만원을 초과하는 경우에는 다음의 금액을 납부기한이 지난 날로부터 1개월(중소기업은 2개월) 이내 분납할 수 있다.

구 분	분납가능금액
① 납부할 세액이 2천만원 이하인 경우	1천만원을 초과하는 금액
② 납부할 세액이 2천만원 초과하는 경우	그 세액의 50% 이하의 금액

사례 제10기 사업연도(×10년. 1. 1.~12. 31.)의 법인세 납부세액이 30,000,000원인 중소기업의 분납가능금액과 분납기한은?
2천만원을 초과하므로 15,000,000원은 ×11년. 3. 31.까지 납부하고, 15,000,000원은 2개월 이내인 ×11년. 5. 31.까지 분납할 수 있다.

3. 물 납

법인세 물납규정은 없다.